# 拾起夢想

## 不負歲月與自己

文雅 著

樂律



你想要的生活其實不遠，用行動拾起夢想的碎片

當夢想落地，迷茫散去——

重拾遺失的熱情與勇氣，讓心中的理想不再只是遠方的燈火

# 目錄

目錄

## Part 4 走近「南牆」，讓迷茫成為過去

## 目錄

## Part 7 讓生活成全你的夢想

# 前言

好的生活，壞的生活，富裕的生活，貧窮的生活。生活始終沒有變，變化的是生活的修飾語。

到底該用什麼詞彙來修飾生活？到底該如何去過自己的生活？能找到答案的只有我們自己。

厭倦了朝九晚五的捷運公車，過夠了爾虞我詐的職場生活，這些都不是自己想要的生活，想要拋棄眼前的一切，尋找真正屬於自己的生活。

這是大多數人的心態，不滿足於現在的生活狀態，想要尋找別樣的生活。但別樣的生活在哪裡呢？別樣的生活又是什麼樣子的呢？這也正是大多數人的困惑。

很多時候，困惑是沒有用的，在這個世界上一定有人正在過你想要的生活。在你看來那個遙不可及、如夢幻泡影一般的生活，在別人的眼中確實真真切切地存在，這一點不用質疑，因為他們正在過著你想要的生活。

別人正在過著自己想要的生活?沒錯，這就是我們需要面對的現實，我們想要的生活是存在的，無論是多麼美妙、多麼夢幻的生活都是存在的，只不過這種存在是別人的。

既然存在，我們就可以去過自己想過的生活，不需要從別人手中搶奪，需要的只是學習別人的方法。找不到自己想要的生活的人，並不是缺少尋找的能力，更多是缺少行動的勇氣。他們只是缺少找尋所嚮往生活的勇氣，不敢去行動，所以一直找不到自己想要的生活。

你是這樣的人嗎?如果你也對自己眼前的生活存有不滿，如果你也在尋找自己想要的生活。那你可能需要這本書，雖然它並不能將真真切切的完美生活呈現在你眼前，但它會帶你一點一點接近自己想要的生活。

書中所記述的別人的生活，或許是你想要的生活，或許你想要過比書中人更好的生活。那麼你可以在這本書中找到對應的方法。生活需要方法，每個人都有自己的生活之法，好壞損益都取決於方法是否得當。

沒有哪一種方法可以直接抵達理想生活的彼岸，只有不斷嘗試新的方法，不斷掌握新的技能，我們才能更靠近理想的生活。因為掌握到了足夠多的方法和技巧，所以別人過著了我們想要的生活，而我們卻還在茫茫的大海中掙扎，可能是方法不對，也可能是技巧不足。

人生就是一個不斷探索的過程，探索到最後，我們才能辨認出生活的一個大致模樣。有的人早早將生活過出了樣子，有的人已然白頭卻仍然在不斷探索。這兩類人都很好，都擁有認真探索生活的態度。

最差勁的人生就是不去探索的人生，這樣的人也不會有像樣的生活。他們認為自己想像的生活虛無縹緲，因此也就缺乏為之行動和探索的勇氣，導致他們所想像的生活更加虛無縹緲。

哲學家們常說物質決定意識，而意識又是物質的反映。生活也是一樣，即使是我們所想像的夢幻生活，其在現實世界也是存在的。可能在我們目之所及的地方沒有見到它們的身影，但在不遠的或是較遠的地方，它們一定是存在的。

在這個世界上一定有人在過著你想要的生活，去問問他們，去學習一些方法，去掌握一些技巧，你也能夠過自己想要的生活。一個人，只有先找到自己想要的生活是什麼樣的，才能朝著那個目標努力，才能真正過自己想要的生活。

看到別人在過自己想要的生活，我們或許能從中得到一股相攜相伴的力量，或許能從中找到真正的自己，或許能夠激勵自己不輕易放棄。

總之，要記住：你今天得到的成就是你昨天努力的結果，你明天想要的生活也取決於你今天的努力和進取！與其躲在角落羨慕和嫉妒別人過上了你想要的生活，還不如趁早開始為自己想要的生活而努力、打拚！

# Part 1 與夢想初相見，尋找遺失的自己

## 散落天涯的夢想，是否還能拾起？

我的朋友落落，一直都是我心中勇敢者的代表。2007 年是他工作的第一年，那年房價大約是每平方公尺一萬塊。想買個地段不錯的房子，頭期款大概只需四五十萬。

為了買房，落落鼓足了勇氣，打算去找他媽媽借一筆錢。

他說：「本來我已經盤算好了，以後上班每個月還給她。但是萬萬沒想到，我媽直接拒絕了我。」

落落至今還記得被母親回絕的場景：「我沒錢借給你，你想要有自己的房子就自己去拚。」

時至今日，落落已經找到了一份月薪比當初多好幾倍的工作，手頭的存款也相當豐厚了。當初的四五十萬，對於現在的他來說，也不再是一個天文數字。

但讓落落失望的是，房價比他薪資飆得更高。漲到如今這個局面，已經讓他無力承擔高額的頭期款了，落落引以為傲的存款也幾乎沒了用武之地。

落落對我說，他跟女朋友求過幾次婚，但女朋友就是不答應，只因為沒有房子，讓她覺得沒有安全感。用他女朋友的話說：「沒有房子的話，即便是有聘金、有鑽戒、有車，我也是不敢嫁給你的。」

他女朋友家裡不止一次暗示過他「你的存款太少了」。落落對此也表示理解，誰也不想讓自己的女兒因為沒有房子住而吃苦。有時候，他在女朋友面前會抬不起頭。除了拚，他沒有別的選擇。

一起吃飯的時候，落落喝了不少酒，話也越來越多。剛工作的時候，他沒有經濟能力，最大的夢想就是有一間自己的小房子。他聽了父母的話，去打拚，去努力，替自己「造夢」。但時至今日，他還是連房子的頭期款都拿不出來。

「你要放棄嗎？」我問道。

他狠狠握了握拳頭：「放棄？怎麼可能？」

年近三十的落落，辭掉了原本還算安逸的工作，跑到一家保險公司做保險員。毫無經驗，也沒多少人脈的他，就這樣銷聲匿跡在我的生活裡。

我身邊有很多像他一樣的人，他們都以為奮力奔跑，就能讓夢想觸手可及。但當自己努力奔跑、揮汗如雨時，夢想卻只是看起來觸手可及，當我們想停下喘口氣時，夢想就會變得遙不可及。

不少人的夢想是出人頭地，但好像不管怎樣努力，夢想也只會用高高在上的姿態，看著我們汗流浹背的狼狽樣。於是有很多人在奔跑之後，變得迷茫，變得頹廢，甚至有更多的人直接將夢想扔到一邊，任其散落天涯。

難道我們曾經的夢想都會散落天涯嗎？難倒想要讓跌宕起伏的人生演繹出一場絕地反擊的故事，就那麼困難嗎？

一別數年，再次偶遇落落，是在一片高級社區的門口。他那臺老車，不知從什麼時候換成了荒原路華（Land Rover）。落落一邊打電話，一邊叫我一起吃個晚飯。

飯桌上，我發現他沒有以前那麼愛說話了。落落笑得有些疲憊：「白天跟客戶說得太多，晚上反而不想說話了。」

落落說：「我之前一直想當個老師。但沒辦法，我其實也沒想到，自己會選賣保險這條路。好在這幾年的努力，還算是沒有白費。妳呢？妳的夢想是什麼？」

我被落落問得有些語塞。

如果在多年之前，有人問我「妳的夢想是什麼？」，我可以對他大談特談，口沫橫飛。現在，有人問我「妳的夢想還好嗎？」，我大概只能保持沉默。

因為不知道什麼時候，也不知在什麼地方，我的夢想就這樣散落了，散落在了歲月的長河中，隨著時間的流逝夢想也隨之流走了。

大多數人的人生軌跡都是這樣的吧，每當站在人生的岔路口時，考試、就業和婚戀等的選擇都讓我們產生一種不知所措的感覺。

曾經二十歲以前的夢想很純粹：考上大學。在大學畢業離開了象牙塔之後，站在人生的路口，對於夢想卻不敢提及，也不知怎樣提及。

落落笑著說：「最後，我們還是向生活低頭了。」

我搖搖頭：「不是向生活低頭，只是我們選擇了另一個夢想。」其實，無論你在晨曦微明的清晨，還是在靜謐獨處的黃昏，停下匆匆的腳步問問自己：你現在還敢不敢滿懷熱情地談論那些早已散落在歲月中的夢想？還能不能描繪出夢想的模樣，嗅到夢想的芬芳？還有沒有勇氣以夢為馬觸控遙遠的夢想？

我知道，有人會很堅定地說「YES」；也有人考慮許久，卻沒有勇氣承認自己早已把曾經的夢想遺忘，說聲「NO」。大部分人都在生活中喪失了與夢想促膝長談的心靈絮語。

有人因為放棄夢想鬱鬱寡歡，有人因為堅持夢想傾家蕩產。

落落說：「我有了自己的房子，存款也一直穩定增加，女朋友家裡也同意我倆結婚了。但總有個念頭在我腦子裡，我覺得當初自己選錯了。過年過節回家，我媽都不好意思跟親戚說我是賣保險的。」

我看著衣著光鮮但一臉疲憊的落落，說道：「如果你還在學校裡三點一線，可能到現在都付不起頭期款。你的女朋友可能會迫於家裡的壓力跟你分手。教書育人確實高尚，但誰說賣保險就是錯？」

落落說：「雖然我不知道自己是不是選錯了路，但如果重新來過，我還是會選擇保險。賣保險不是我的夢想，但有錢是我的夢想。我是個俗人，只想讓我和家人過得好。」

我笑著說：「雖然你教書育人的夢想沒能實現，但有錢的夢想實現了。誰規定的夢想只能有一個？」

夢想從來都不會在時光中蹉跎變老，不斷衰敗的只有我們的勇氣。這與年齡無關，與執著有關。世間大路千萬條，總有一條能通向你喜歡的生活。懷揣夢想大步向前吧，就算選錯了，也會遇上美好的風景。

不要後悔，不要迷茫，最好的狀態是在路上。不要讓你的夢想就這樣散落天涯。

## 為何得不到的，總是最好的？

小時候，我經常對別人的玩具豔羨不已。還記得當時有款新出的廚房芭比，有不少小朋友都買了一套，我也跟風想要，纏著爸媽非要買一套。

沒料想，一哭二鬧三打滾後，爸媽還是沒有妥協，反而用看表演的眼神看著我。哭鬧無效後，我只能收起那股羡慕，重新抱起我有些舊的熊娃娃，玩起了扮家家酒。

那時候，我就希望著快點長大。只要我工作了、賺錢了，我就能買得起那套廚房芭比。不止是廚房芭比，浴室芭比、衣櫥芭比我都要買回家。

當然，長大後的我，已經對這種小女生的玩具失去了興趣。但每當路過櫥窗，看到展示櫃裡的芭比娃娃時，我就能想到當時的那種「無力感」。

我想，如果真的存在平行世界，那邊的我應該會過得像個小公主吧？

有人說：妳學會了克制，學會了比較，這或許是上天對妳的另一種補償。我何嘗不知道？但童年那個「廚房芭比」，我卻是再也得不到了。

前一陣子，小學同學辦了個聚會，同學小夕也來參加了。在我們班裡，她可是出了名的精打細算。

當時，我們每天都有零用錢，享樂主義的我拿到錢後，立刻就會買一支清涼解渴的棒棒冰，而小夕卻忍著烈日驕陽，把錢存進當時流行的定存裡。

父母輩的都誇讚，說小夕以後肯定有出息。

只有我們能看見，小夕盯著棒棒冰時眼睛裡迸發的渴望。有同學打趣小夕：「妳卡上存多少錢了？」

小夕略顯尷尬地說：「這幾年一共存了四千塊，開學的時候燙了個頭髮，一分錢都沒剩下。」

當然，現在的小夕能買得起一房間的棒棒冰，但她自己也知道，任何一款棒棒冰，都彌補不了她當時的渴望。

小夕不知道，其實我是羨慕她的。她那張卡，就像是身分的象徵。

我選擇了棒棒冰，一邊思索著嘴裡的滋味，一邊羨慕著她被表揚；她選擇了存錢，一邊接受著大家的讚美，一邊幻想著棒棒冰的清涼口感。

得不到的總是最好的。但誰說我們選擇的，就不是別人羨慕的呢？

進入工作後，我在人力資源部和資料室之間猶豫了好久。抱著「趁年輕拚一把」的心態，我放棄了資料室裡安逸的生活。

每當抱著一疊資料匆匆走過資料室門口，我就對裡面的「退休生活」無比豔羨。

跟我同期進公司的女孩，正在慢條斯理地剝一顆橘子，她剝得很仔細，每一瓣橘子上的橘絡都要輕輕撕掉，然後再喝一口茶……

我在窗外羨慕得發狂，資料室狹長的走廊，我走完只需要女孩一口茶的時間。

無數個失眠的夜晚，我都會看著鏡子裡頂著黑眼圈的自己問：「選擇人力資源部，妳是不是傻？」

但是月中發薪水的時候，可觀的薪資就能讓我樂得忘乎所以，我開始慶幸自己沒有選擇資料室，於是買了一大袋橘子，好好慶祝了一番。

現在，我路過資料室的步伐不再匆匆，而跟我同期的女孩，每次抬眼看到我，都會熱情地打個招呼。我想，或許她也有無數個夜晚，後悔自己當初選擇安逸，幻想當初去人力資源部的員工不是我，而是她。

最好的並不是得不到的，而是別人已經得到，你卻尚未得到的。我有位學設計的朋友，她開了一家甜品店，專門做各種奇特的甜點。她本人對甜品一點興趣都沒有，但她家的甜品卻熱賣到一發不可收拾，三年內開了七八家分店。

我特別羨慕這樣的生活，輕鬆還賺錢，就像她常說的「我一點都不擔心，就讓麵包師把我畫出來的東西，做得好吃一點，沒想到會這麼熱銷」。

她說，她最開始是想當個考古學家的，可是家裡一直不同意，說女孩子不要做這個，就守在家裡很好。拗不過父母的她只能「出此下策」，倒是把甜品店做得風生水起。

我咬了咬牙，還是沒有她這樣的魄力，我也有這樣的自知之明：我做不到她那麼好。於是，我只能對求之不得的生活畫下一個句號。

人生路很長，但如果走錯了，也會捶胸頓足，嗟然嘆息。

要知道，最好的不一定是最適合你的，而最合適的才是最好的。就像一句老話說得一樣——「鞋子合適不合適，只有腳知道。」

每個人都有自己的個性，也都有各自的理想和成長軌跡。當你選中一條路，就說明這條路是最合適的，是你能掌控的，也是你願意為之付出努力的。只有這樣，你才能在這條路上有所作為，才會有好的心情和美的追求。

環境與素養的不同，就意味著每個人的人生都是不可複製的。即便是成功人士的方法論，也要選擇適合自己的來走，這樣才不至於鬧出「東施效顰」的洋相。

有時候，我們因為衝動、志氣或者虛榮，強迫自己做一些超出負荷的事情。實踐過後，當你不舒服、不自在的時候，就會後悔和感嘆：「遇事不可強求，適合才是最好。」

你總說，得不到的才是最好的。其實，適合你的才是最好的。選一條最適合自己的路，然後堅持走下去，就行了。

## 自控力是自由的前提

我跟朋友看過一個電影叫《腦筋急轉彎》(*Inside Out*)，說的是萊莉自身被快樂、恐懼、憤怒、厭惡和悲傷五種重要的情緒所支配。這五個情緒都居住在萊莉大腦裡的控制中心，她要自己在大腦中控制情緒，使她的生活可以自由順利地進行。

剛搬到舊金山不久的她需要適應全新的環境，但是她控制不了自己的情緒，於是混亂漸漸在她的大腦裡滋生。此後她就被這些情緒所牽絆，失去了自己的自由。

電影其實說的就是萊莉沒有自我控制情緒的能力，使得她並不能像其他人一樣自由快樂地生活，而是受情緒的支配失去了自由。

生活中總有不少人抱怨說自己失去了自由，自己根本就沒有自由。想想看，如果一個人連最基本的自控能力都沒有，那麼又拿什麼條件談自由呢？

「自由到底是什麼？」我試著不斷地詢問自己，並且去尋找各種可能的答案。但每次都是事與願違，這似乎是個沒有答案的問題。

但不難發現的是：我們對於自由的渴求總是伴隨著某種程度的自我控制而產生的。自由就是對自己的約束。

在我們自己的世界裡，過著自己想要過的生活，而自我約束意味你將成為某一個設定好的人物「角色」，並需要為此而默默堅守信念。

不管是一天、一個月，還是一整年，都要控制自己，堅持將每一件事情做到最好，並試著從中體會人生的喜怒哀樂，我想這大概就是我們嚮往的自由吧。

能夠自己約束自己並且控制自己的人，專心做事，他們是自己的主人，可以進入自由的世界；無法約束控制自己的人，會一事無成，最後只能成為命運的奴隸，落個身不由己、萬般無奈的可悲結局。

好友夏楠前一年很想戒菸，後來他在戒菸成功後跟我的一次偶遇中，分享了他戒菸的經歷：「當我第一時間意識到自己有想吸菸的衝動的時候，比如想在飯後吸菸，那我會在飯後主動地用新的習慣替換。」

比如之前，他吃完午餐就會吸菸，而現在他吃完午餐會喝一杯果汁或者優酪乳，或者吃一個水果，用這些來替換掉之前的那個吸菸的習慣。

當他這股吸菸的衝動再襲擊他的時候，他就開始不斷地警示自己並且不斷在心裡給自己警告：如果這次失敗了，明天將很有可能繼續吸菸，而長期吸菸有可能會讓自己生病，也會對家裡人的健康帶來威脅。

他自己有了這些警示以後，他跟我說他為那些衝動取了一個名字叫「菸鬼」。當他再次有想吸菸的強烈衝動的時候，他自己會在心中叫出這個名字，這樣能讓自己意識到它們的存在，喚醒明智的自己，喚醒他自身的意志力。

夏楠說，這個時候自己也就打消了吸菸的念頭了。時間久了，他自己便就能控制了，自然而然地使香菸遠離了自己，擺脫了「菸鬼」的控制，從而獲得了自由。

當我們在程序化的生活狀態和工作壓力下，想必大多數人都很容易產生渴望輕鬆、渴望放縱、渴望自由的想法吧？而且是一種異常強烈的願望。

在我還處在青春期時，我極度渴望自己在暑假能擺脫父母的「魔爪」，能擁有自己的自由的生活。於是我自己租下了一個房子，滿懷欣喜地體驗父母不在身邊的自由逍遙的日子。

我覺得這簡直是天底下最幸福的一件事情，我可以開始「一個人」的生活。

慢慢我發現，當我真正擺脫了父母，一個人再也不受他們的控制在外面生活的時候，再也聽不到他們的碎碎念和嘮叨的時候，我自己的控制力彷彿也隨之喪失了。

我開始頹廢糜爛，開始放縱自己，開始懶惰。從開始的起床不疊被子到後來的幾天不收拾屋子，從開始的自己做飯到後來的頓頓訂餐，一個月下來，地板上堆滿了垃圾，洗手間堆滿了髒衣服，桌子上堆滿了雜七雜八的化妝品。廚房堆滿了外賣的免洗餐盒。

當我怕面對滿屋狼藉的時候，我才意識到，原來自由沒有我們想像的那麼美好，於是我開始懷念家的溫暖了，開始渴望爸媽對我的所謂的控制了，開始懷念爸媽做的可口的飯菜了，也同樣懷念那時候的我了。

於是我退掉了出租屋，回到了久違的家。那時候，所謂的「自由」也隨之拋在腦後了。

我體會到原來「自控」兩個字真的那麼重要，稍微一個不留神讓這兩個字離開你的世界，你的世界就會變得一團糟。所謂的自由，也就不是那麼美好了。想要追尋自由，那麼先學會「自控」吧。學會了控制自己，渴望的自由便會隨之而來。

人人都曾有過偉大的夢想吧，夢想著過自由且無憂無慮的生活。但絕大多數人窮其一生，最終還是無法將夢想變為現實。究其原因，在相當程度上，還是因為沒有學會自知自制，沒有做到自我約束和自我控制。

人的一生，精力和時間畢竟是很有限的，只有專注如一，將力量集中於一點上，方可在某一個未知領域取得成就，也就是說自由是在學會自我控制的前提之下產生的。

## 你想要的生活，只有你能定義

年前，朋友跟我講了這樣一件事：她朋友因為要照顧生病的母親無法外出工作，於是就在家鄉的村莊裡開了一個小酒館，生意勉強還說得過去。

每天晚上，他都從喧囂的小鎮上開著二手的車，載著放學的孩子回家。我朋友感覺他的生活還蠻不錯的，畢竟比那些東奔西走、居無定所的人們強得多。

他卻對我朋友說：「我可不這麼認為，早年在外邊工作，雖然辛苦了點，但畢竟還有一些應該有的娛樂活動，所以生活並不是那麼枯燥乏味。但是現在的生活雖然是說很穩定，但是其實總是被家庭的瑣事牽絆住手腳，每天都在重複著一樣的動作，循環往復，真的很無趣。」

原本，我朋友認為他會很想去一個大一點的城市，看看大城市中的燈紅酒綠、紙醉金迷，看那夜晚開滿霓虹燈的樹，看看那川流不息不曾安靜過的夜幕。他覺得，或許在露天的路邊攤前暢所欲言，才是他想要的生活的樣子。

但是他卻跟我朋友說：「每個人都想要追求自己想要的生活，但是卻不知道什麼才是自己想要的生活，所以腦海裡閃現出來一個大大的問號，總是在反覆地問，到哪去才能尋找到自己想要的生活呢？」

這件事讓我感觸頗深，因為我身邊有很多人，不惜窮其一生，只為了追求自己想要的生活，他們渴望感受生活的樣子。

但其實，他們心中早就有了一座城，與其在不屬於自己的城市中四處亂跑，看著自己的腳印被身後的腳印覆蓋，每天忙於收拾自己那顆無處安放的心。倒不如先雙手安放於心間，問問自己到底想要的是什麼。

我大學老師曾說：「哪裡都有我們想要的生活，又哪裡都沒有。」這不是一條人為的定論，僅僅是他對生活的自知和感受，但這句話卻一直在我腦子裡揮之不去。我一直在問自己：「現在的生活，我過得快樂嗎？如果不快樂，那是什麼讓我不快樂？怎麼才能讓我感到快樂？」

大學畢業後，我問梵梵打算去哪座城市工作。她毫不猶豫地回答「當然是我的家鄉呀。」

我問她：「以你的能力，為什麼非要回去？留在大城市發展不好嗎？大城市發展空間大，工作機會也更多。」

梵梵一臉壞笑地告訴我：「小城市的生活才多姿多彩呢，只是你們不知道，因為並沒有去真正體驗過小城市的生活，所以心中就沒有概念。你們這些大城市的人可能看不上小城市，覺得小城市的經濟不是特別發達，但我對家鄉有獨特的感情啊。」

梵梵每次講到家鄉，都變得滔滔不絕。她說，家鄉有它獨特的風景，有她熟悉的人，有她喜歡的生活。

她說：「這樣的城市，才能讓我看到想要的生活的樣子。」

許久之後，我想起梵梵的話，才發現她之所以這麼篤定地選擇一座城市，是因為那裡有她對未來生活的嚮往和期待。她的家鄉就是她心裡的城市，如果因為跟風選擇到大城市，也許她不會過得比現在快樂。

如今，我們選擇去一個陌生的城市工作或生活，可能是因為一個人，可能是迫於生活的無奈，也可能只是把它幻想成未來生活的那個城市。

但不管哪一種可能，當你在一座城市中生活很長時間之後，你來這座城市的初衷就已經開始日漸模糊了。你開始不關心這座城市的運轉，也不關心這座城市的人或者事。彷彿你生命的印記，早已在我們不經意間被刻入了這個圖示的年輪之中。

所謂的不忘初心，都是在這樣的模糊中被消磨掉了。當我們在所處的城市中找不到存在感時，大多都是因為我們將心中的那座城和腳下的這片土地進行對比。

對比過後，如果結果是令人滿意的，我們大多不會選擇離開；如果結果不如人意，我們心中對那座承載了我們期許的城市，會更加地嚮往和期待。

但是也有很多選擇留下的人，在所生活的城市之中，歡笑過、悲傷過，也痛苦過，人生所有的跌宕起伏與心願達成都在這裡。工作的汗水和傷心時的淚水也滴在了這座城市之中，生活的愉快歡笑與艱辛折磨也落在了這座城市之中。

那時的我們身邊時不時有三五好友相伴，大家聚在一起暢所欲言，每天無話不說，經常抽空相聚，然後我們又一起不斷地去嘗試認識新的朋友，身邊的所愛之人始終陪伴在左右。

就這樣，我們賦予了這座城市特殊的意義，因為我們想要的生活，就在切身所處的這座城市裡。

是這座城市成全了我們心中的期盼嗎？並不是，與其說成全，還不如說是我們自己創造了自己喜歡的城市。因這個城市而改變，因這個城市而成長，也或者可以說，是我們在與這個城市一起變化著，一起期盼著。

我希望，大多數人可以像梵梵一樣，不論我們身處於哪個城市，都依然面帶微笑地追尋自己想要的生活。

就像梵梵說的：「每個城市並沒有絕對的好壞，每個我們想要生活的城市都有自己的特色。」路是自己選的，你想要的生活，只有你自己能懂。

你想要的生活，到底是什麼樣子呢？

## 那些不好意思說出口的夢想

小時候總被追問：「妳想從事科學研究還是開飛機？妳想要錦旗還是想當老中醫？」

我猶豫了一下，說我想開飛機。

「但我更想當個漫畫家。」——當然，這句話我沒有說，因為這只是我不好意思開口的夢想。

我把《漫友》、《動感新勢力》、《動漫前線》等包上書皮，假裝是課本看得津津有味。

我一邊看，一邊幻想，如果有一天，大家看的都是我畫的漫畫，感覺一定很爽。

高三，千軍萬馬過獨木橋。

我跟家裡說：「我想學美術。」

這個想法把爸媽嚇了一跳，以為我只是心血來潮。媽媽說：「妳怎麼突然想學美術了？還是正經考個大學好，畢業了就像妳爸一樣，在公家機關上班還穩定。」

我猶豫了一下，還是沒有把夢想宣之於口。

上班之後，我偶爾也會畫兩筆，但已經與漫畫家之夢漸行漸遠了。對美術感興趣的那段日子裡，我知道了美國有個老人很出名，叫摩西奶奶（Grandma Moses）。

摩西奶奶，聽名字就知道不簡單，她是美國著名的畫家。在華盛頓國立女性藝術博物館，曾舉行過一場名為「摩西奶奶在二十世紀」的畫展。該展覽除展出摩西奶奶的作品外，還陳列了一些來自其他國家有關摩西奶奶的私人收藏品。

其中，有一張明信片，寄信人的署名為「春水上行」，這位寫信的日本年輕人在明信片中說他自己從小就喜歡文學，很想從事寫作，當個作家。

可是大學畢業後，迫於生活壓力以及親人的期望，他找了一份醫院的工作，然而心裡卻一直不喜歡這份工作，甚至感到厭惡。

眼看年近三十了，他不知該不該放棄這份收入穩定的工作，而從事自己喜歡的寫作，他說他很迷茫。

摩西奶奶結合自己一百歲的人生閱歷所得，回覆了那個日本年輕人：「做你喜歡做的事，上帝會高興地幫你打開成功之門，哪怕你現在已經八十歲了。」

因為摩西奶奶的這句話，這個日本年輕人開始追尋自己的寫作夢，日本便誕生了一位偉大的作家——就是後來在日本乃至全世界都大名鼎鼎的作家渡邊淳一。

我相信，很多人每天都忙忙碌碌，但面對夢想卻很迷茫。因為他們不清楚自己要做真正喜歡的事情，還是做養家餬口的事。他們並沒有一開始就追求夢想，他們只是隨波逐流，按照別人對他的期望和要求生活。

對於渡邊淳一來說，這個心底的召喚，就是他年少時那個隱藏在心中的不好意思開口的作家夢。

也有跟他相反的一部分人，對於這部分人來說，他們可以沒有一切，卻唯獨不能丟了自己喜歡做的事情。當他們沉醉在自己喜歡的工作裡時，時間對他們來說總是飛快的。

他們將精力全神貫注投入其中，不計功利，甚至不求一定會有好的結果。每每被旁人問及值不值得的時候，他們笑著說：「人生本充滿了不確定性，喜歡的事情讓我感到快樂，在做這件事的過程中，我感覺整個生命都是充沛的。它能讓我投入其中享受成功，感到興奮。這樣的體驗本身就是我們實現夢想之後得到的收穫，不是嗎？既然我們心中都裝著一個夢想，那麼為什麼不去努力實現，讓自己開心快樂呢？」

日常的往復，很容易讓人產生一些對於時間的錯覺，會認為一切都來得及，總會有時間開始做自己喜歡的事情。

我們總覺得自己的夢想也許可以再緩緩，隨著我們日益成熟，就不敢為自己設定時間期限了，因為在我們不斷成長的同時，阻礙我們實現夢想的牽絆就越來越多。

在生活中有的人總是抱怨自己的夢想離自己太遙遠，根本就不可能去實現它。總是覺得自身跟我們夢想成為的人差距太大。

那麼，既然知道為什麼不抓緊時間努力試著去做呢？既然心中有夢，那麼就把那些不好意思開口的夢想大聲地說出來吧，然後在我們人生有限的時間裡去實現它。

勇敢地向前走，不要在意旁人的嘲笑和冷眼旁觀，嘲笑又怎樣？說出來怕被嘲笑的夢想才有實現的價值。想做就嘗試著去做吧，努力去做就有可能會實現。

你為什麼不敢跟別人說你的夢想，難道僅僅是因為你沒有實現夢想嗎？還是因為「夢想」一詞真的那麼老土，那麼讓人不齒？

你之所以不敢跟別人提及你的夢想，是因為你從來也沒有為自己的夢想努力過；或者說，你從來沒有為你的夢想開始行動。所以，你的夢想只是做夢的時候偶爾想想罷了。

很遺憾，我當初選擇了後者。

如果我選擇了美術，世界會多一個名聲大噪的漫畫家？還是多一個牢騷滿腹、懷才不遇的青年？

可惜人生無法重來，我只能走我眼前的路。

我們常常感嘆，詩和遠方在哪裡？卻根本不願意走出自己固有的舒適圈。

只希望平行世界中的我，能勇敢地追逐夢想，大聲地告訴世界：漫畫家，我當定了！

## 慢慢走，別讓人生陷入混亂

人事部高階主管老趙，之前跟我分享過一個他親身經歷的事。

他到我們公司之前，曾在一個知名公司做文案策劃。那時候的老趙還只是「小趙」，每天都忙得團團轉，工作讓他身心俱疲。

一天，老闆交給策劃團隊一個任務，讓他們完成之後才能下班。這個任務是要為下週的新客戶寫企劃書，為了下週的會議能順利地進行，老趙所在的整個團隊，都不得不加班應對這個突如其來的任務。

老趙說：「我當時真的完全沒有想法，況且我一直都是同事眼中的『慢半拍』。眼看其他人都陸陸續續地走了，我就開始著急了起來。」

老趙手忙腳亂，於是想出來一個「捷徑」，他翻看了其他同事的文案找一些靈感，然後就把東西拼湊完成了。

事後的幾天，他一直徹夜難眠，一直在為那天加班他尋求的那個「捷徑」感到愧疚。他這才知道，原來彎路也是不好走的。

這個「捷徑」一直都讓老趙不安，而且，他一直都很後悔當時走的那條彎路：「怎麼能輕易地將別人的工作成果拿來用呢？」老趙經常對我們這樣說。於是他第二天找到了老闆，重新遞交了一份新的企劃案。

雖然他現在已經升職了，但是始終都對那件事耿耿於懷，「捷徑」真的不能亂走。無論遇到什麼事，都不能讓自己亂了陣腳。

人生亦是如此吧，就算眼前的路歷經千險，也要老老實實一步一步慢慢地走下去，不要因為任何困難讓自己亂了陣腳。路不好走就慢慢走，障礙或是關卡不好過就慢慢過，不要因為尋求「捷徑」就亂了自己的腳步。

人生的路很長，寧可慢慢地走體會其中的酸甜苦辣、世態炎涼，也不要亂了自己的腳步。錯過的每一步都是遺憾，走錯的每一步也會讓這份遺憾加倍。所以，寧可走得很慢，也不要走得很亂。

跟我同期的資料室女孩，她很嚮往那些「上流社會」的生活方式。剛工作時，她幾乎每月的薪資都花在了名牌服飾和化妝品上。但是，女孩的經濟狀況並不具備「上流社會」的條件，而且她的自身條件也沒有很出眾。

即便這樣，她還是竭盡全力，想要融進「上流社會」的圈子裡。在她陷入其中無法自拔時，我曾經勸過她：擠不進去的圈子，妳就不要硬擠進去了，讓自己那麼累，又何苦呢？

但女孩不信，她堅信自己不但有公主病，而且有公主命。結果顯而易見。

女孩的努力，非但沒有為她帶來應有的回報，反而讓她的生活越來越混亂。

她不甘心自己融不進「上流社會」的圈子裡，也不甘心過薪水階級的生活。為此，妹子在資料室裡迷茫了很長一段時間。

後來，她存了半年的積蓄，買到了一件可以出入高階商務會所的高級服裝——可以說，努力在什麼時候都不會辜負你——女孩在會所認識了一位闖蕩世界各地、見多識廣的商人，當場就為之傾倒。

「他還經常到國外參加商務會議呢！」午餐的時候，女孩跟我們欣喜地說道。

在他們開始交往之後的某天晚上，她第一次請我們吃飯。飯桌上，商人侃侃而談，而女孩一直「雙眼冒心」地注視著他。

女孩說：「這個人真是太厲害了，他居然有這麼有趣的經歷，他說的那些人和事我大多都沒有聽說過。」

於是，女孩打算跟他一起到國外發展生意。我有一種「女孩被迷住了」的感覺，於是叫她先不要辭職，只請長假即可。女孩把辭呈押到我這裡，就意氣風發地準備飄洋過海了。

我知道，她滿腦子都是大洋彼岸的紙醉金迷，但這樣局促的決定，大多不會有好結果。

不幸，我的預感被印證了。

這位商人不過是在海外打零工的普通人，沒有獨棟別墅，沒有豪車遊艇，甚至連穩定的公寓都沒有。

女孩跟他輾轉了半個月，終於忍不住跟商人分手了。

「原來他不是有錢人，他只會跟你『畫餅』。」女孩一臉哀怨。

我們安慰她，她卻說：「失去愛情並不可怕，亂了生活的陣腳才可怕。」之後，她又在資料室裡重新過著「退休生活」。

對我們來說，人的這一生說長也不是很長，說短也不是很短，生活的意義不在於生命的長度，而在於深度。不管長度是多長，都要慢慢走，不論我們嚮往的是哪種生活，平凡的生活也好，奢侈的生活也罷，都不要讓一時的衝動打亂了我們前進的步伐。

能不能遇見一個最適合自己的人？在什麼時候遇到？在哪裡遇到？能一起攜手相伴到什麼時候？這些都不是著急就能得到想要的答案的。

我們不能活得太夢幻，不要因為愛慕虛榮就盲目追尋，擾亂了生活的陣腳，不能因為追尋物質的生活就忘了我們生活的初衷和生活本身的意義。

當我們在物質與欲望的路口迷失的時候，我們不妨想一想，那樣的生活真的充實嗎？真的快樂嗎？只有物質的愛情真的能幸福長久嗎？真的是自己想要的嗎？

天真並不是愚蠢，現實並不代表物質。透過自己的努力來達到你的另一半所要求的高度，是不是更讓我們驕傲一些？

人生長路漫漫，不要急，人生的每一步，請你慢慢走。人生沒有捷徑，只有曲徑通幽的羊腸小路，而且這征途漫漫也總是有很多會使我們行差踏錯的誘惑。

請不要忘記，誘惑和迷茫都會讓我們亂了陣腳。人生的道路可以走得很慢，也可以偶爾停留，但是千萬不要亂了陣腳，不然很容易迷失了方向。

## 活成一支隊伍，為自己而奮鬥

單身的那段時間，我真的很討厭第二杯半價的活動。

那時候，我覺得這個活動對我有著獨特的惡意。為什麼非要兩個人才能享受優惠，是看不起單身人士嗎？我不由得心裡嘀咕道。

為了享受優惠，我叫上曄曄跟我一起去了咖啡館。曄曄是我大學同學，畢了業，我們一起留在城市打拚。

她跟我說，像她一樣離開父母，獨自一人到台北奮鬥的人都很孤單。倒不是因為找不到一個陪她一起享用「第二杯半價」的人，而是某一天，她猛然間抬起頭時，卻發現曾經一起同行的人已經漸行漸遠了。

曄曄說：「就好像我生活在繁華的城市，這個燈紅酒綠的都市，心卻在無邊無際的荒野，每天看著別人哭，看著別人笑，而自己卻彷彿失去了這兩種情緒的表達能力。彷彿一切熱鬧的事物都與我無關。」

曄曄租了一間窄小的套房，每天都是往返住家和公司的機械生活。曄曄說，她如果不是肚子餓，可能永遠也不願睜開眼睛。她說，就算她趁著朦朧的陽光起個大早，下樓去路邊攤買個早餐，吃完後卻發現只能茫然地呆坐在餐桌邊，把整個腦袋通透地翻一番，把手機整個通訊錄找一遍都發現並不知道要找誰。然後繼續倒頭大睡，因為睡覺可以使時間變得更快一些。

我笑著說：「妳過得也太萎靡了。」

她笑著對我說：「看我過的是多麼稀薄的生活啊，誰跟我靠近恐怕都得有高原反應吧，這肯定是我多年都找不到男朋友的原因。」我也隨之一笑。

人在長期的孤單中，是不是就像一個脫離了座標的圓點？

有時候，你不知道自己思考的問題是否真的是個問題，你時常看不到自己的想法中那個旁人一眼就可以看出的巨大漏洞。你不知道什麼是大，因為無法看到別人眼中的小，你不知道什麼是白，因為無法看到別人眼裡的黑。

總之你會擔心，總是這樣一個人待著，會不會越待越傻。

我真的很難想像在沒有人際關係的圈子裡，曄曄是怎麼存活的。但梓梓卻跟她完全不同，梓梓是最開始跟我們合租的女生，梓梓是學旅遊的，在一家旅行社當導遊。她沒有曄曄那樣豐碩的才學，但卻是曄曄最羨慕的對象。雖然曄曄從來沒有承認過。

剛開始，梓梓和曄曄的境遇相當，但梓梓的生活卻一點都不單調。在工作閒暇時，她會參加一些旅行愛好者的平臺活動，一個人拉著旅行箱一股腦扎進一個由各種陌生人組合在一起的自由旅行團。

有一次，梓梓一直想去的一個旅行地沒有報到名，但是另外一個她沒有參與過的旅行社有這個地點，於是她就報了名。想要趁著假期，自己也當迴遊客旅個行。但沒想到，這居然是一個老年團。

但是，梓梓並沒有因為「獨特」的參與者身分而獲得一段糟糕的旅行體驗。相反地，她在那次旅行中玩得更加盡興。她向那些老人學習拉二胡，和他們聊生活的經驗和感悟，他們圍著篝火一起唱著歌……一個年輕人，在老年人的圈子中照樣風生水起。

一個人，也要活得像一支隊伍，要學會自己為自己的心「招兵買馬」，遇到困難不氣餒，遇到挫折不低頭，在享受自由的同時活得更有召喚力。

就好像你站在路邊，並不一定是在等待著某個人的出現，而是自己本身就已經具備了一種兩個人的力量。

其實，真正的孤獨並不存在，可能只是因為你一個人太過於清閒了，又或者你沒有一個人生活下去的豐滿的心罷了。

但是你也可以像梓梓一樣，只要心不孤獨，哪裡都是繁華盛世。你完全可以一個人去環境浪漫的餐廳吃飯，一個人點一份情侶套餐，既划算又能肆意吃到肚子撐著走出去；你完全可以一個人走進星巴克點兩杯第二杯半價的咖啡，然後在咖啡廳裡坐著喝一下午；你完全可以一個人去 KTV 然後撕扯喉嚨發洩心中的不滿，不用在意旁觀者的眼光。

一個人，要像一支隊伍，哪怕你注定一世孤獨，哪怕你將來可能會老無所依，也要具備一個人前行的豪氣。面對生活，不躊躇，不退後，不徬徨。一個人也要走得瀟灑，走得有力，就這樣昂首挺胸地走下去。任旁人的流言蜚語，任旁人的冷眼相待，我自瀟灑紅塵，策馬揚鞭。

其實每個人生來都是無可選擇的一個個體。不管家庭多美滿幸福，朋友對自己多好，總有一件深埋在內心的事情不願意與他人分享，於是就自己深埋於心，只能自己對自己訴說。

一個人也要像一支隊伍一樣活著。在這個隊伍中，自己就是王者，自己統領著這支強大的隊伍，讓這支隊伍堅強起來，勇敢起來。你要知道，最堅強的人，不是看破紅塵的人，恰恰是在宿命裡掙扎的人。就如「大聖此去欲何，踏南天碎凌霄，若一去不回，便一去不回」一樣。

是的，若一去不回，便一去不回。此心已動，此身已行。

一個人，也要活得要像一支隊伍一樣，活得要比兩個人更加精采，比三個人更有力量，比一群人更加熱鬧。

## 把悲傷藏於心，讓微笑迎接生活

優優是我在人力資源部的同事，她是個十分單純的女孩。剛到公司就職時，整個部門的人都喜歡保護著她。我們經常聽她那些戀愛時的傷痛經歷，再為哭得梨花帶雨的她遞上一張紙巾。

那時，我就覺得優優像一張單純的白紙，所以總對她充滿了保護欲。

當然，對於單純的事物，人總會有兩方面的極端：一種是保護，一種是毀滅。所以，也總有人想讓這個「傻乎乎」上一堂社會思想教育課。

優優從來不認為這個世界應該有那麼多的波折，所以每當她遇到什麼感覺過不去的關卡的時候，就會放開水閘，讓淚水放肆沖刷那些負面情緒，或悲傷、或憂慮，哪怕是飛花落葉她都能傷感一二。

慢慢地，不知道是她一次次的脆弱讓大家麻木了，還是她始終拒絕在情商方面所有成長。反正，沒人再心疼她的單純了。

一個成年人，如果連自己的情緒都收拾不好，那他大致等於失去了生活自理能力。哪怕他會做飯、會洗衣服，也只能配得上一個保母的角色。更何況，不會有任何一個僱主願意幫著保母收拾負面情緒。

人生來各有志，性格秉性也各不相同，能具備不以物喜、不以己悲的情懷的畢竟是少數。面對周遭生活的種種大起大落，要隨機應變，遇到悲傷的事情不要輕易顯現出來。因為悲傷是我們自己的事情，如果因為我們的悲傷而影響到別人的情緒，那麼對別人來說是不是有點太不公平了？憑什麼自己的悲傷要讓別人跟你一同分享呢？

在我大學即將畢業的時候，家裡發生了一件大事——堂弟開了一家公司。他開的是軟體開發公司，剛開始，他把生意做得風生水起，家裡人對他都是滿口稱讚，既羨慕，又有些嫉妒。

我們幾個小輩，自然成了被訓斥的對象，而他則是「別人家的孩子」。

那時候，他不管吃飯還是出門，隨時隨地都要接打電話，就這樣過了一年多之後，我突然看不見他接打電話了，彷彿「銷聲匿跡」一般。

事後，我從他朋友口中得知，堂弟的公司因為一些原因倒閉了。他從來沒有告訴過我們，他甚至怕家裡擔心，決定獨自承擔當年為了開公司所欠下的債務。就這樣，公司的倒閉讓他一夜之間變成了窮光蛋。

那一年過年，他沒有回來，我們幾個紛紛猜測，他可能是出去躲債了。

再見到堂弟時，已經是第二年的夏天。他已經不同於當年，因為他不再是老闆，而是一名普通的公司員工。但他依然滿面紅光，意氣風發，彷彿一切都沒有變。

我問他，你經受了這麼大的打擊，不絕望嗎？

他說：「人生那麼長，欠的債務慢慢還，只要我還努力打拚，欠下的帳總會還清，日子會漸漸好起來，總有一天會恢復最初的模樣。」

是，人生本來就如此艱難，我們敢不敢去面對，它都在那裡。那麼我們何必要畏懼和逃脫呢？以前我們會害怕，會哭泣，隨著歲月的打磨，如今我們已經學會將悲傷和痛苦隱藏於心底。

與其說是隱藏悲傷，不如說我們學會了隱藏自己。我們把命運帶給我們的折磨放在心底，不大張旗鼓地讓別人知道，然後我們微笑著堅強地站起來，邁開大步向著成功出發，少一份悲傷，多一份坦然。人的一輩子，多少會經歷大風大浪，太清湯寡水的人生反而沒了味道。既然人生中「不如意事十常居八九」的高機率我們是無法改變的，那何不隱藏起那不順心的「八九」去追尋剩下的「一二」呢？

儘管有的時候這些不順心的風浪和痛苦並不是我們想要的，但是我們克服了、去拚了，為了自己想要的努力追求。追求的過程中難免有喜有悲，遇到欣喜的事情我們不去張揚，遇到挫折時我們把挫折帶來的悲傷深藏於內心，適時地隱藏自己，不喜形於色。

因為屬於我們自己的喜怒哀樂都要自己去承擔，我們自己才是命運的主宰者，沒人能替我們去主宰命運，那麼何必讓別人來與我們一起分擔呢？不論好與壞，悲傷與快樂都自己擔負。

這樣，我們會越來越堅強，我覺得這樣的我們，活得很有價值。

# Part 2 生活不完美，但你依然可愛

## 社群裡的真實與假象

在被速食席捲的年代，我們的節奏也變得越來越快。手機裡的社群軟體越多，人與人面對面的溝通卻越少。漸漸地，LINE、FB、IG和各種五花八門的 APP 包圍了我們。

身邊的朋友經常打趣：「如何又快又準地了解一個人——看他FB、IG就知道了。」只要有時間，我們都會拿起手機滑一滑，看看誰又跑去做代購了，看看誰又在晒孩子秀恩愛了。

我聯絡人大致分成三種：電商的、轉發的和打卡的。前兩種很好理解，所以我要說說第三種。

前段時間，大家跟約好了一樣，把FB大頭貼都換成了「不瘦五公斤，不改頭貼」。於是，一大波打卡群眾出現在貼文裡。

每天，我都要被各種減肥餐和跑步機洗版。

人事部同事夏瞳打算減肥，於是跟同辦公室的好友亞伶約好，這個月都要瘦五公斤，誰沒有達標，誰就要請全辦公室的人吃飯。於是，兩人展開了轟轟烈烈的減肥行動。

減肥期間，夏瞳每天都在貼文打卡：「失去晚飯的第一天，很餓」、「失去晚飯的第二天，想念晚飯」、「失去晚飯的第三天，堅持」、「今天跑了五公里」……

如果吃飯的時候，看到夏瞳的發文，我都得少吃兩口肉。

剛開始的幾天，夏瞳和亞伶看上去都輕盈了不少，夏瞳還開心地對我說：「我穿上了小一碼的褲子。」

半個月後，夏瞳的體重卻沒有發生變化。

她在貼文裡晒著生菜沙拉，在健身房揮汗如雨，在貼文中頻繁地彙報「戰果」，體重卻一公斤都沒有掉。於是，夏瞳開始煩躁起來。

她的貼文，從素食、跑步機的正能量，轉型到體重秤的負能量。她每天都至少要發一條：「我怎麼喝水都胖？」

一個月後，夏瞳竟然一公斤沒瘦，反而由於早先的節食太過，反彈了一公斤。

亞伶抿著嘴笑了，略帶驕傲地站在體重計上。

讓人想不到的是，她竟然瘦了六公斤。夏瞳讓她反覆量了四次，才慢慢接受這個事實，願賭服輸。

夏瞳不甘心地掏出卡，叫大家晚上一起去聚餐。亞伶帶著勝利的微笑，走在隊伍的最前面。

夏瞳猶豫了好久，還是問亞伶：「妳一聲不響地瘦了六公斤，到底怎麼瘦的？我天天吃素，還去健身房，怎麼不瘦反胖了？難道是體質問題嗎？」

亞伶撲哧一下笑了：「哪有什麼體質問題，妳天天發文倒是非常努力，可是減肥妳真的努力了嗎？」

旁邊一個同事「揭發」道：「夏瞳昨天還吃了一包牛肉乾，被我發現了。」

夏瞳不以為然地說：「一包牛肉乾才多少卡路里，人家都說，牛肉乾是不會長胖的零食。」

另一個男生笑著說：「我也要檢舉，我昨天在健身房碰見夏瞳了，她在跑步機上跑了十分鐘，就坐在休息區的沙發上自拍，拍了半個多小時，又玩了一小時的手機才走的。」

呵，實際上夏瞳這一個月，減肥是光在貼文裡減，是減給我們看的啊！

亞伶掰著手指數落道：「妳說說，總共九十分鐘的運動時間，前十分鐘，妳用來熱身準備，然後三十分鐘用來拍照片，二十分鐘用來修圖，二十分鐘上傳貼文、滑IG、逛蝦皮，真正實際的跑步時間只有十分鐘啊！」

夏瞳想了想，唉聲嘆氣道：「好像是這個道理，我總覺得，我只要吃兩根菜，人到了健身房，減肥就會有效果，就證明自己努力了。」

亞伶搖搖頭：「妳真是連自己都糊弄啊，這種發文的努力，不要也罷。」

我打開IG，正好看見夏瞳精緻微汗的臉龐，下面的配文是「好累呀！又是努力的一天」。

她懷揣這種「努力」的滿足感，心安理得地告訴別人，也告訴自己：我很努力地減肥。

其實，這種努力毫無用處。

夏瞳和亞伶選擇了不同的方式減肥。夏瞳是告訴別人「我真的很努力」，亞伶是告訴自己「妳真的要很努力」；夏瞳的初衷是「我要讓大家都知道我很努力」，亞伶的初衷是「我要瘦」。

目的不一樣，選擇就不一樣；選擇不一樣，帶來的結果就不一樣。

確實，「努力」這個詞充滿了迷惑性。因為人本來就是感性動物，人容易被別人感動，但更容易被自己感動。

「我今天做了好多家事」、「我已經很久沒吃過肉了」、「我今天加班加了好久」，這些心情讓我們得了一種「誤以為自己很努力」的病。

就算只花費了一點力氣，完成了一件小事，也能讓我們自豪感倍增。可這能叫努力嗎？顯然不能。

仔細想想，你做了好多家事」的原因，是因為之前累積得太多；你現在減肥，是因為你一點也不運動；你加班的原因，可能也只是因為你沒有及時完成當天的任務。

這樣看來，你所謂的「努力」也只是陽光下的泡沫，看著美麗卻也一戳就破。

真正的努力，應該像亞伶一樣，因渴望達到目的而實際行動起來，並非追求一種虛無的充實感和滿足感。

你要知道，這個世界比你努力的大有人在。

當你大汗淋漓地跑了五公里之後，心滿意足地拍個自拍發個貼文，但有人卻悶聲不響地跑完了十公里負重；當你筋疲力盡地做完最後一個動作後，激動地跟教練合個影，但有人卻在不停地突破自己的極限；你在IG上每天都跑步打卡，但也有人風雨不動地堅持長跑二十年。

真正努力的人，他們不會把這些細節發在貼文，也從不會向大家炫耀自己的努力。因為他們的努力，是為目的做輔助。相較之下，你在網路上的「努力」，就真是不值一提了。

誰的生活不是繁雜瑣碎的呢？誰的人生能夠一直一帆風順呢？大家都是各有堅持，各有選擇罷了。

有時候，我們看不到別人的付出，於是誤以為他們和自己一樣。直到他們取得成就後，我們才知道，他們為了夢想究竟付出了多少。

所以，別讓你只在貼文裡努力，牢記自己的目標，才能看清人生的方向。

希望你們有一天能坦然、毫無愧疚地說聲：我真的盡力了！

那些關於追星的歡笑與無奈

我的女性好友蓁蓁，她追韓星的程度近乎狂熱。

最初，她是因為朋友介紹，才知道這個世界上有 EXO 的存在，這個韓團中的十二位「小鮮肉」，讓從不追星的蓁蓁也掉進了追星的大坑。

蓁蓁說：「EXO 對我而言，就如同漆黑中的一道亮光，夜空中的一顆星星，是我病入膏肓之時的一顆解藥。給我一切動力，幫我緩解一切壓力。讓我明白世界上的真情還是存在的，他們讓我知道世界對我而言還是有希望的。因為他們我接觸了很多以前沒接觸的東西。」

在熬夜加班工作幾度讓她崩潰的時候，蓁蓁只要一看到手機桌面中偶像們的笑臉，就感受不到疲勞和睏倦了，又能電力十足地投入工作中。

EXO 在蓁蓁的世界裡就是「神」，其作用就像「靈丹妙藥」一樣靈驗。

當然，她對於這個韓國團體的仰慕和狂熱遠遠不止這些。

大學畢業之後，蓁蓁出國深造。在國外邊打工邊讀書的她就是為了存錢買機票飛來飛去，目的是去看她偶像的演唱會。只要是EXO出現的地方，蓁蓁大致上都會出現。

在我心中，蓁蓁是一個十足的EXO忠實粉絲。

某天無意中她跟我提到，其實她父母並不是很贊成她這麼「盲目」追星，所以大多時她去看演唱會多半是背著父母偷偷去的。

她說，她對他們的仰慕不是「盲目崇拜」，她之所以喜歡他們是因為他們是曾經幫助她走出谷底的一個很大的動力。她說別人不是她，所以不會明白EXO對於她的意義有多大。

或許單拿「追星」這個詞來說是一件盲目的事情，但是真的都只是一時間的盲目狂熱嗎？我覺得並不是。

因為他們的才華橫溢和光鮮亮麗，他們對自己「明星夢」的執著追逐，所以才會有在舞臺上發光發熱、展現自我才華的機會，才會讓蓁蓁這些「忠實粉絲」仰慕。蓁蓁一樣的「追星一族」把他們當成學習的楷模，想像他們一樣被人們所認同，想像他們一樣堅定地追尋自己的夢想。

正是因為他們臺上一分鐘、臺下十年功的艱苦磨練，所以他們付出的努力遠遠要比我們想像中要多得多。身為「明星」的他們在不斷地追求更好的自己。

對於他們來說，他們始終想把最好的表演展現給觀眾和粉絲。身為「追星一族」的這些年輕人，也絲毫不敢懈怠，像他們一樣也堅定而努力地完成一個又一個自己的人生目標。對於「追星一族」來說他們是正能量的化身，是迷路時的一個指標。

當然，也有人選擇盲目追星，劉德華的狂粉「楊麗娟事件」離我們太遠了，這裡我說一件我外甥追星的事。

我外甥的爸媽離婚早，他一直跟著我大姐住。我大姐是個標準的女強人，為了這個兒子，她從一個小員工，一路做到了業務部經理，後來自己又開了一家公司，把事業做得風生水起。

有錢了，就覺得不能委屈孩子。外甥花錢大手大腳，大姐也從不過問。

前段時間，上國中的外甥迷上了一個直播主，不但把大姐帳戶裡的一百萬打賞了直播主，還以直播主男朋友的身分，在直播裡發金幣。

這一下，大姐意識到了外甥追星的嚴重性。從小衣來伸手飯來張口的他，對金錢根本沒有概念。於是大姐跟直播主取得聯繫，告訴對方，外甥不是什麼高富帥，只是一個國中孩子，希望能把錢要回來。

可是直播主從頭到尾就沒有回覆，聽說外甥只是個國中小孩，而不是什麼高富帥，還把他移除了粉絲。

外甥一看自己的身分暴露，直播主還封鎖了自己，感到人生無望，於是用自殺威脅家裡，非要讓大姐去跟直播主道歉。

一大家子被他追星的事鬧得雞犬不寧。

很多時候，年輕人的「追星」對於父母來說就是一種倔強，是一種迷茫和叛逆。

有的年輕人像蓁蓁一樣，覺得自己找到了一盞能照亮自我的明燈，覺得這盞燈能一直指引著自己找到正確的方向；而有的年輕人就像我外甥和楊麗娟一樣，盲目追星，害人害己。

一切都在於自己的選擇。

就像是果戈里（Nikolai Gogol）對普希金（Pushkin）的仰慕。果戈理在一個晚會上見到了心中的偶像普希金，並受到了對方的讚揚，這令窮困潦倒、灰心失望的果戈理重新點燃了即將熄滅的天才之火。

所以，每一個我們所喜愛的「明星」都不應該只是我們為之瘋狂的對象，而更應該成為我們心中的「榜樣」。

「榜樣」的力量是無窮的，一個沒有英雄情懷的社會將會永遠沉寂。或許我們每個人一輩子都沒有當明星的機會，但如果少了當明星的信念和夢想，那人生就沒有多大動力了。

那些反對追星的人，大多只是看到了瘋狂，卻沒有看到榜樣的力量。而追星的正確開啟方式應該是：追星，追的是那些通向美好的途徑。

追星沒有錯，錯的只是你的心態和選擇。

## 畢業後，課本真的還有用嗎？

大學同學芃芃，是我們那屆出了名的努力且學業成績優異的學生。上大學的時候，感覺她就是那種以圖書館為家的人。只要一有時間，她就會在圖書館裡泡著，彷彿著了魔一樣。

大學生活自然是無憂無慮的。課餘時間，大家都選擇逛街、聚會和戀愛。那時候，這些就是大學生們最平常的活動了。但芃芃卻始終都不加入我們的行列。

一天，我問芃芃：「妳每天都泡在圖書館不無聊嗎？」她說，她一個人在業餘時間，安靜地享受生活。一枝筆、一本書、一杯茶，雖然這樣很簡單，但是能給她帶來快樂。所以她不會覺得無聊。

臨近畢業，班裡有同學說，打算辦個義賣，把我們這四年的書本、筆記、雜誌和文具都處理掉。如果義賣的效果不好的話，就扔掉，圖個畢業「一身輕」，徹底告別大學生活。

一向不愛說話的芃芃卻一臉認真道：「你們這樣不是很浪費嗎？難道你們畢業後就不看書、不學習了？」

她這麼一問，我們大家都一臉茫然。

確實，我們的課本都不便宜，把課本買回來後，大多時間也只是翻一翻，除了應付上課和考試之外，這些教科書大體上就沒用了。

就像芃芃說的，畢業之後我們真的不讀書了嗎？我們的學生身分真的這麼結束了嗎？真的甘心嗎？

就在這份迷茫中，我選擇把課本留了下來。

倒不是真的打算有計畫地看，只是想到了一句俗話，叫「活到老學到老」。人總是要不斷尋求進步的，畢竟人生就是一個不斷探索與學習的過程。任何人都不可能一勞永逸地擁有足夠的知識，而是需要終身學習。

學無止境。探索真理是一個漫長的過程，進修亦是如此。學習的目的不僅僅是為了應付考試、工作或者生活，學習就只是學習，從來沒有為什麼和為了什麼。

況且，人一生中需要學習的東西太多了，絕對不僅僅是書本上的內容而已，學校的課本上只是一個基礎，基礎牢固了我們才能更好地進行後期的發展。

當我們越走越高的時候，才會意識到，學習的重要性遠遠超過我們曾經意識到的。

還記得年初時，八十多歲的奶奶興致勃勃地找我，跟我說她想學學怎麼用 LINE。

奶奶說：「我跟我那些老朋友，交流大部分上都是靠打電話。要是有了 LINE，我就能用 LINE 跟他們說話了。」

我告訴奶奶：「妳得先從最基本的學起。」

雖然奶奶不會注音，但她會手寫。所以，打字對她來說並不是一件多困難的事情。只要把最基本的常用功能學好，學起 LINE 就完全沒有問題。

我認真地教，奶奶一邊聽，一邊拿筆跟小本子記錄。經過一番努力，她現在已經能自己操作，跟她的那些老朋友用 LINE 聊天了。

前不久，我去看望她，奶奶驕傲地告訴我，她不但會傳貼圖，還學會了分享。現在，她經常把她看到的有意思的東西分享給我，並樂此不疲。

八十多歲的老人都為了跟上時代的腳步堅持學習，難道二三十歲的年輕人就要提前進入退休生活了嗎？

知識是需要不斷累積的，學習也不分年齡。活到老，學到老。這真是人生中的一大境界。

我們一個人一生要走的路很長，前方有很多未知的領域等待著我們去發現，去探索，去學習。從我們的幼年、少年、青年、中年，直到老年，學習將始終貫穿著我們整個生活歷程，也影響著我們一生的發展。

鳥欲高飛先振翅，人求上進先讀書。

如今這個資訊化科技化的時代，新奇的事物每天都在誕生，僅僅憑我們學生時期學的那些知識是跟不上時代的變化的。這個社會競爭愈加激烈，知識是我們參與競爭必不可少的武器。沒有了知識終將會被這個現代化的時代所淘汰。

每個人都要持有終身學習的思想，要不斷地為自己「充電」、「打氣」。讓自己跟上時代的腳步。

當然我們口中的學習，其內容並不限於書本，還有社會閱歷和工作經驗。就像嬰兒的成長過程一樣，學會翻身、學會爬、學會站立、學會走路、學會奔跑。

有的人覺得「一招鮮吃遍天」，但事實卻沒有這麼樂觀。

我大舅在公家機關工作了二十年，在四十歲時，機關改制，鼓勵員工自願離職，另謀出路。

大舅想了想，自己早已經被體制圈住，除了現在的職位，其他什麼東西都不會做，於是拒絕了公家機關的自願離職政策。

和他一起的幾個老同事也都拒絕了自願離職，但一部分頭腦靈活的人，已經開始另學技術，另謀出路了。

可惜的是，大舅不是頭腦靈活的那一波。他還是照舊生活。幾個老員工叫他一起去學個技術，或者學門樂器，大舅一一拒絕了。

不到兩年，大舅和一批老員工被強制離職。失業之後，大舅只能賦閒在家，終日無所事事。而那些昔日的老員工，有的成了二胡老師，有的辦了個英語口語練習活動，生活照樣多姿多彩。

你可以選擇把課本丟掉，你也可以選擇把知識重新撿起來。要知道，就算你把知識還給老師，老師也不會把學費還給你。

一切，都在你如何選擇罷了。

## 向前看，生活正在告訴你答案

晚上，我接到了吳瑾的電話，他叫我和幾個朋友出去喝酒，因為他跟前女友和好之後又分手了。

吳瑾跟他前女友，早在高中時代就在一起。大學畢業後，他們各自回到自己的城市工作，分居兩地，開始所謂的遠距離戀愛生活。

吳瑾說，遠距離戀愛的那幾年，對他們來說是煎熬的。兩人剛開始的時候還海誓山盟，信誓旦旦，一副非他不嫁非她不娶的架勢。後來還是輸給了距離，分隔兩地沒多久就分手了。

分開後，兩個人的生活幾乎完全不同，他們經常因為生活中的一些細小瑣碎的事情吵架，反反覆覆，長此以往，最初的愛早就消耗殆盡了。後來，雙方決定和平分手，各自尋找新的感情生活。

不久，吳瑾因為工作上的調動，去了前女友所在的城市工作。他們經常以朋友的身分見面，兩個人本身之前就有那麼長時間的感情基礎，以朋友的身分相處沒多久之後又像剛戀愛的小情侶一般重新在一起。

但吳瑾說，那似乎也只是表面上看上去很甜蜜而已，私下裡卻爭吵不止。冷戰了幾天之後兩個人這次決定從此各走各路，老死不相往來。

第二次分手之後，吳瑾一直沉浸在失戀的陰影之中走不出去。我問吳瑾，當初第一次分手之後為什麼又復合？他說，當時並沒有想過要復合，誰知道彼此還存在感情，於是又走到了一起。

他說他現在覺得痛徹心腑，雖然在這段感情的掙扎中獲得了永久的解脫，但是他還是不甘心就這樣各走各路。

我不記得吳瑾當時跟我說這些話的表情，我只記得那天晚上他喝得酩酊大醉。

任何一對情侶，如果不是因生活所迫而分手，那一定是在感情中有著不可修復的裂縫和衝突，要不就是因為性格的差異。

總之不管因為什麼，肯定有一個原因導致了真的無法繼續在一起了，畢竟「分手」二字不是那麼輕易就說出口的。

有些時候，不管什麼原因，只要感情出現了問題，就不要再彼此糾纏了。不要總在一段不可能再繼續的感情裡猶猶豫豫。

每個人都有各自的生活，也有自己的選擇，既然決定了各走各路、互不打擾，那麼就不要再回頭。畢竟人總是要朝前看的，步伐總是要邁出去的，生活還是要繼續的，日子還是要過下去的。

有時候，互不打擾才是最好的狀態。對於前任，不管之前的感情是多麼堅不可摧，多麼刀槍不入，既然選擇了分開就永遠都不要回頭。對於感情就得該斷就斷，快刀斬亂麻總比藕斷絲連要好得多。

對於吳瑾如此，對於我們也一樣。

生活告訴我們要向前看。總站在原地打轉是永遠不會找到出口的。對於愛情這種東西，「回頭草」是不能吃的。

安昊在大學交的女朋友剛開始交往就去了澳洲。那時候，他們是異國戀。後來分手了，如今女孩尋找到了屬於自己的幸福，心有所屬準備出嫁。安昊卻始終捨不得放棄，還一直尋找機會想與那個女孩重歸於好。

他問我：「如果妳的前任在異國，他告訴妳他尋找到了自己的愛情，而且準備結婚了。但妳就是不甘心，即使妳知道沒有任何希望，妳會怎麼辦？」

我告訴他：「如果對方不喜歡，一切都白搭。」

愛情中最怕的不是你遠在千里，而是兩個人面對面站在一起，即使身體貼得再近，對方心裡戒備的那條溝壑卻始終都無法踰越。那麼對於彼此來說，是永遠都遙不可及的。

既然我們選擇了離開彼此，那麼就堅定地不要回頭，因為在生活裡，我們必須向前看。即使你此刻難過得滿眼淚水，傷心過後也一定能哈哈大笑；即使你此刻撕心裂肺、舉步維艱，痛苦過後也一定能堅強如初。

面對生活，我們必須具備向前看的力量。我們終究要哭，那個我們曾經的所愛之人終究要走，但是要告訴自己：要抬起頭來，不要讓眼淚輕易地流下來。

或許有一天，我們會恍然大悟，擦乾眼淚。猛然間明白，我們曾經的所愛之人真的離開了，但是他的離開，並不會帶走我們的全世界。所以，我們的堅持並沒有任何意義。

就這樣，我們的過往被「全盤否決」。「我還愛你」終究成了一個十足的笑話。終於，逝去的過往我們不再回頭觀望。不念過去，不懼將來，依然過著我們自己的幸福生活。

因為生活告訴我們，要向前看。

我很喜歡幾米的《向左走，向右走》。書中女主角住在城市郊區的一棟舊公寓大樓裡，每次出門，不管去哪裡，總是習慣性地向左走。他也同樣住在郊區的那棟舊公寓大樓裡，每次出門，不管去哪裡，總是習慣性地向右走。

他們一個向左一個向右，永遠都是彼此錯過。有一天，他們相遇了，似乎要演繹一場

「一見鍾情」的愛情。但人生總是會有意外的，兩張寫著電話號碼的字條被雨水浸溼而逐漸模糊，為此兩個人從此錯過。

一旦錯過，就永遠不要回頭。

我想正是因為他們彼此錯過了，才會觸動讀者的心靈吧。在我們的人生中，有些人、有些事注定會錯過。而正是這種不完整的人生，才更有意義。

倘若我們總是相遇，總是重逢，這似乎並沒有什麼特別意義。人生有太多的喜怒哀樂，那麼究竟有多少感動可以保留，有哪個愛人能陪我們到最後？

這個世界分分秒秒、來去匆匆，從來誰都不會為誰停留，一生中尋尋覓覓、轉眼成空，一旦錯過了就無法回頭。

不管是向左走，還是向右走，終究還是要向前走的。因為生活永遠都要向前看，再苦再難也要繼續下去。正是因為有錯過，人生才會有遺憾，有遺憾的人生才是最美的。

有維納斯的斷臂，才有她的唯美；有月圓月缺，才能道盡人世滄桑。

一生當中會有遺憾，會有不捨，也會有錯過的痛楚。這些痛使我們成長，其實人生只是一堆無謂的時間數字罷了。

我們在這一秒遇見，永遠回不到上一秒。

穿越時空、回到過去，永遠是在現實中不可能實現的事情。就算未來科技再發達，人們也不可能回到過去，我們是永遠無法打破自然定律的。想要挽留流失的時光，拯救失去的東西，倒不如好好過當下的生活。

不管我們是錯過了也好，失去了也罷。要勇敢地向前走，不要被自己所牽絆，不要原地踏步。

有時候我們需要放下自己的堅持，唯一的理由是這樣才能讓生命沒有遺漏。外面的世界到底有多精采你不知道，因為你的眼睛沒有告訴你答案。

打破所謂陳規，換一種眼光看周遭，也許快樂會變得輕而易舉。有時候，已經錯過了相遇的時節，則要用那種平靜的心態對待生活中的這種錯過。說不定這也剛好是宿命的安排。

如果真錯過了，又該如何是好？是拚命追趕還是悵然若失、莫名遺憾？

選擇放手，選擇挽留，一切都因人而異，也因事而異。與其在權衡利弊中苦惱，倒不如嘗試著好好經營生活，因為生活告訴我們要向前走。

# 在低頭的瞬間，看到自己

我有個鄰家姐姐，名叫昭媛。

我記不清她家的門檻有沒有被追求者踏破，我只記得，別人一提到「美人」，我腦海裡第一個浮現出的就是她。

怎麼去形容呢？應該有很多人看過《真愛伴我行》(*Malèna*)。電影中，女星莫妮卡·貝魯齊飾演的瑪蓮娜是眾多男性心目中的夢中情人。用現在的話說就是「女神」一般的人，她是電影中「美麗與魅惑」的化身。

在我心裡，她就像瑪蓮娜一樣：年輕、美麗、會穿著打扮，行為舉止非常優雅。

後來，昭媛姐搬到了外縣市。那時候，網路通訊尚不發達，我跟她徹底斷了聯繫。今後的很多年裡，我身邊沒有任何一個人能代替她的美麗。我想成為她那樣優雅的女人，但我選了一條不修邊幅的路。

大學剛畢業，工作和生活的壓力讓我有些喘不過氣。我選擇了一種排解壓力的方法，那就是吃。

工作一年，我胖了五公斤，看著大腿和腰上的肉越來越厚，我暗自咬牙，打算減肥。

雖然選了這條路，但想法和現實總是背道而馳。

我在吃東西的時候，永遠管不住自己的嘴。在吃了很多食物後，又拍著自己的肚子後悔。就這樣，我游離在幻想自己變瘦的樣子和現實生活的「吃吃吃」之間。

直到一年後，我跟一個叫林丹的博士洽談工作。對方看了一眼我的工作證，又看了一眼我本人，一推眼鏡，說道：「妳連自己的身體都管理不好，讓我怎麼相信妳的工作能力？」

當時，我一股火就竄了上來。但回去仔細想想，她說得也不無道理。一個身材臃腫的人，至少說明她沒有對自己的身材負責。

於是我垂下了頭，但我驚悚地發現，我低頭之後，竟然看見了雙下巴。

這就是我選的路嗎？我不由得暗自發誓，一定要瘦！

在我努力減肥時，媽媽傳了一張名片給我。我點開一看，是一位專門賣女裝的品牌。

反正百無聊賴，我隨手翻著模特兒的衣服照片，配文的意思大概是她的新店到了新款衣服，請新老顧客到店裡試衣購買，也接受網路訂單，可以隨時發貨。

在沒點開圖片的時候，我心裡還想：這個模特兒身材真好！但當我點開圖片的那一瞬間，不禁心頭一驚。這個模特兒就是昭媛姐。

這麼多年過去，她依舊是那個我記憶中的「瑪蓮娜」。

透過聊天我知道，她已成了家，還有了兩個女兒，老大已經十歲了。現在，她租了一家店面賣服裝，日子過得有滋有味。

我嘖嘖稱奇，問她怎麼把身材保持得這麼好！

昭媛姐看我發來的一串驚嘆號，笑著問我：「是不是在妳心中，結過婚、生過孩子的人都是一副臃腫的模樣？」

她的話讓我心頭為之一震。

確實，你的生活狀態是自己選的。

生活並沒有固定的按鈕是說結了婚、生了孩子之後這個按鈕就會按時啟動，啟動按鈕之後女人的身材就會走樣，一副疲於奔命不加修飾的粗糙形象。就像不是每個年輕人都是一副青春活力的模樣一樣。命運對我們是公平的，只是很多人都在內心設定了這樣一個按鈕，把自己的生活過得不再精緻。

我們每個人的一生，似乎無時無刻不在選擇，也無時無刻不在為自己的選擇承擔後果。

我選擇了大吃一頓，胖兩公斤就是我的後果；我選擇在跑步機上運動一小時，緊實的小腿就是我的後果；我選擇讀完這本書，在聊天中有話題就是我的後果。

昭媛姐選擇了優雅的一生，她就為優雅努力。在一碗紅燒肉和一堂瑜伽課中，昭媛姐會毫不猶豫地選擇後者；在聽音樂、運動和吃東西中，我選擇用吃東西的方式解壓，胖五公斤也是在所難免。

一切都盡在選擇。

最怕你選擇了一條優雅的路，卻管不好自己的嘴，邁不開自己的腿。理想和現實越走越遠，你的決心和初心也就越來越模糊，情緒也會變得暴躁。

當然，在看到比自己身材好、比自己成績優秀的人時，我們內心難免會產生漣漪甚至是濤浪。這應該與嫉妒無關，與試圖揣測別人的陰暗面無關，而是從心底坦然接受並衍生出的一種躍躍欲試狀態下的結果。

我們都會萌生出一種「變得更好」念頭，在這種念頭下，我們時刻提醒自己要變成美好、健康的模樣，這無關結婚與否，也無關有無孩子，與之相關的是我們的生活態度，是我們自身的自制與自律。

希望你可以在自己的生命旅程中一如既往地追求自己想要的生活，獲得幸福，活成自己理想中的模樣，而不是低頭只見雙下巴。

## 錦鯉轉發後，生活會有改變嗎？

現在，每逢大考臨近，就總有一股「不轉發就被當掉」的旋風，席捲各種社群軟體，而且轉發量還相當的高。

如今這種迷信的訊息洗版已經是尋常事。

林瑤是我朋友，她大學時，經常轉發自己賣的零食和化妝品給朋友。有一次，睡在我下鋪的姑娘舉著手機說：妳們快來轉發這隻小黑貓！

林瑤湊過來問：「什麼小黑貓，誰家貓丟了？」

我下鋪的姑娘一翻白眼，說著一口標準的網路用語說：「你真老土，這是本月最神的『錦鯉』，我朋友轉發之後，立刻就跟公家機關簽了合約！」

林瑤嗤笑一聲：「我才不信呢，妳們整天轉發那些金手掌、靈驗圖、觀音像和財神爺，比我這個做電商的傳訊息都勤，有用嗎？有這功夫，妳還不如背幾個單字。」

確實，這幾年錦鯉很忙。

自古以來，我們一般人就對錦鯉有著吉祥的執念。「鯉魚躍龍門」的故事家家戶戶大體上都知道，孔子也曾因「嘉以為瑞」給兒子取名鯉。

錦鯉確實被賦予了吉祥、愛情和勇氣的期許。在日本，鯉魚旗還成為男孩節的一個象徵。

然而，在我們現實的網路世界裡，錦鯉的意義似乎變了味道。大體上都是清一色的祈願求福：保佑考試高分，希望股市大漲，希望旅途順風……

錦鯉的傳統文化象徵意義早已被這種迷信色彩所矇蔽。

錦鯉似乎變成了一個可以給我們一切的神。只要我們許下願望，錦鯉就能幫我們實現。

但是真的會實現嗎？看看朋友們，那些在我們大學時候生活得風風光光的學姐，在體育場上中如魚得水的學長，似乎他們都不像別人眼中那麼完美，他們也會在學生時期留下些許遺憾。

比如說，遺憾沒泡在圖書館多看幾本書，遺憾沒多靜下心來欣賞城市的風景，遺憾沒能在學生時期做一個老師眼中的好學生。

我們現在只是二十出頭的年紀，這個年紀很適合為了我們想要的生活去努力，從現在開始來彌補我們遺留下來的遺憾還不晚。只是我們想要的，「錦鯉」能給我們嗎？

事實上，我們現在需要的是努力地向前走，而不是需要「錦鯉」的庇護。

活在當下，為自己碌碌無為的生活找所謂的「庇護」似乎並不是我們這個年紀所要去擔心的，而我們真正所要擔心的是我們沒有努力的未來，無論是生活、事業，還是愛情。

或許每個人的夢想都不一樣，或許有的人總是事與願違。夢想的初衷就像發酵的果汁一樣變了味道，已然不知道自己該何去何從。

柳柳總喜歡把自己想像成某個韓劇的女主角。她經常掛著各種招「桃花」的飾品，幻想在某個轉角處，就能跟白馬王子不期而遇。

我說了不止一次：「仔細想想，妳整天在家抱著電視看韓劇，還不如好好打理自己，整天邋邋遢遢的，就算真走在大街上，白馬王子也不會留意到你。」

柳柳堅定地告訴我：「只要自己心誠，白馬王子就一定會愛上她。」她一臉夢幻地說，「妳不懂，白馬王子都是喜歡灰姑娘的。」

我揭下臉上的面膜，告訴她：「有轉發錦鯉的工夫，還不如把臉好好敷一敷，或者好好賺點錢。」

柳柳對我的話嗤之以鼻，我對她的「傻乎乎」無可奈何。曾經我也誤以為愛情無法去尋找，唯有原地等待其降臨。

後來隨著年齡的增長，我漸漸地明白，所謂的遇見愛情，是在我們等待愛情出現的單身的日子裡，不斷地提升自己，過著我們喜歡的生活，做更好的自己，這樣我們才有遇見愛情的資本和機會。

對於熱愛生活的我們，生活必定會回報以強大的力量，讓我們有強大的鎧甲去抵擋成長路上的磨難和打擊。無論我們在愛情上輸了，還是在事業上敗了，我們都要具備東山再起、改頭換面的資本。

不論我們面對的將是什麼，不要忘記隨時隨地改變自己，讓自己變得足夠優秀美好。我們散發的光芒，會吸引更多的人到來。這樣，我們就可以主動挑選自己嚮往的愛情的模樣。

你選擇什麼生活，就會收穫什麼生活。因為生活和夢想是自己的，不是「錦鯉的」；因為愛情和幸福是我們爭取的，不是等來的。

## 你是千里馬，也是自己的伯樂

我的大學同學陶陶，是一個很在意自己形象的美女。

上大學的時候，只要一有空閒，她就會拿出化妝品來修飾自己美麗的臉蛋，似乎她已經把打扮自己當成是一種愛好了。

課餘時間，陶陶在校外找了好幾份兼職，為的就是能有足夠的錢來打扮自己。陶陶說，她這樣是在為自己的「明星夢想」打基礎。

這個夢想一直跟隨她到畢業。在我們都在找工作實習的時候，陶陶被一家模特兒公司相中，做街拍模特兒。後來，她還與一家網紅經紀公司簽約，做了網路女主播，粉絲量超乎想像地驚人。就這樣她開啟了自己的「網紅」生涯。

在「雙十一」的時候某知名購物網站做活動，我居然在主頁上看到了陶陶的身影。見證了陶陶的「網紅」歷程，讓我想起了千里馬與伯樂的故事。

最近，像陶陶這樣的「網紅」主播似乎已經成為了一種時代的趨勢。我們處於網路高度發達的時代，一個普通人發聲實在不太容易。

像陶陶那樣有才華、有相貌、有品味又勤奮，懂得利用大眾心理來引導話題的風潮，再加上自己的一點運氣，天時地利人和，其實不需要伯樂，自己作為一匹千里馬也足以被他人關注。

陶陶自己就是伯樂。

她說：「我選擇了當網紅，跪著也要把網紅的路走完！」

有些走在時代最前端的網紅，其實他們自身並不具備強大的邏輯思維和淵博的知識，但只要透過一些網紅公司來為他們做「包裝」，加上自己的勤奮努力，就能輕而易舉地獲得大量的粉絲，並且迅速被大眾所周知。

大家對於他們逐漸了解，從而願意為他們打賞和轉發，使他們的傳播更加迅速。

在生活中，我們總是抱怨無法遇見自己的伯樂，總是無法遇見欣賞我們的人。也許是我們平時的努力和經驗累積還不夠，也許我們努力的方向還不正確。

我想陶陶應該感謝這個時代吧。這個時代，讓她得到了屬於她自己的粉絲，獲得了被人關注的成就感。讓她發現了自己的潛力，實現了自己的「明星夢」。

陶陶之所以能取得成功，正是因為她選了這條路，就勇於在這條路上執著追求自己喜歡的事情，勇於欣賞自我，真實勇敢地把自己的才藝展現給大眾群體。

所以，她不僅是一匹千里馬，也是自己的伯樂。

如果你認為自己是一匹千里馬，站在原地等待著伯樂的到來，那麼還不如嘗試著做自己的伯樂。

不要畏懼，不要退縮，更不要原地等待，努力將自己的天賦和才能發揮出來。找準自己的人生方向，腳踏實地地向前走，總有一天，我們會成為我們想要成為的樣子。

其實我們每個人身上都有一份隱藏於深處的獨特潛質。那份潛質就像一個沉睡著的超級英雄，等待著一個人去喚醒它。如果我們不去嘗試，這些能量彷彿永遠都不會有機會發散出來。

上天不會莫名虧待任何一個人，每個人都有無限的空間去展示自己，只要孜孜不倦地努力嘗試，那些才華終能「噴湧而出」。

那麼我們為什麼還要坐以待斃，為什麼不去做自己的伯樂呢？我有位好友，從行銷相關科系畢業後，最終選擇了一家生產咖啡的大公司。經過一番的準備，他決定前往應聘，不料卻碰壁，公司以他剛畢業沒有實際經驗為由拒絕了他。

撲面而來的冷遇，卻使他下定了一定要進那家公司的決心。

直到有一天，他帶著透過縝密考察制定出來的行銷方案再次步入了那家公司。老闆細心地看完了他的方案，主動跟他談了加盟公司的條件。

我朋友說，他目前的這個方案可能還有種種的漏洞，所以這次他得到被錄用的機會就已經很滿足了，至於報酬並不奢望太高，只要最基本的就行。老闆卻對他說多虧了他當初的執著，不然就與這樣的人才擦肩而過了。

現如今，已經是集團總經理的他，每次在面試新員工的時候，總會問應徵者一個問題：「怎麼證明你自己是一個人才？」

我想，每個人都遭遇過像他這樣，初入職場但卻求職碰壁的事情。但大部分人都選擇找朋友抱怨、大吐苦水。

與其這樣怨天尤人、無所作為，為什麼不能相信自己一定能行呢？從點滴小事做起，付諸行動，運用自己所學的知識來施展自己的才華，用自己的努力來贏取屬於自己的機會。

很多時候，不要總是過分奢望別人給自己提供機會，忘記自己應該首先在夢想的原野裡奔跑縱橫，向別人展示自己其實是一匹名副其實、當之無愧的千里馬。

真正的千里馬是在縱橫馳騁中才能充分展示自己的技藝，才能展現出卓爾不群的風采；真正取得成功的人，只有在不斷的努力磨練中，才能發出別樣的光芒。

有些時候我們所缺乏的並不是才華與機會，而是執著，以及大膽嘗試的勇氣。

試著相信自己是最棒的，只要勇敢地跨出那一步，那些看似不可能實現的事情就會變成可能。

別讓別人去揣測我們的命運，別讓別人為我們的人生貼上標籤，人生中所有的轉角處都聚集著一份能量，如果世界上真的有一個人能因為這樣的突破而成功，那麼我們自己一定就是第二個。

路是自己選的，既然選了，就把它走完。今天很痛苦，明天更痛苦，後天卻很美好，所以請不要在明天的半夜裡放棄。

# Part 3 成全你自己，為了夢想而努力

## 夢想沒有「為什麼」，因為值得

我的好友欣芮，在過完大學最後一個生日後，滿懷欣喜地對我說：「我做出了一個選擇！我不想當闊太太了，我要開始尋找薪水豐厚、前途美好的工作！」

我知道，她這麼拚，就是為了跟男朋友一起買飯、結婚蜜月、二人世界。

欣芮有能力，人長得也漂亮，基本沒經歷過什麼坎坷。但面試那天，她卻遇到了一件小狀況。

那天，她男朋友跟她一起出現在面試現場，幫她投遞高薪工作的履歷。

這時，妝容完美的面試官隨手把她的履歷丟在了旁邊的雜物堆裡，欣芮當時就很生

氣，滿懷憤怒地質問：「妳憑什麼看都不看就丟掉我的履歷？」

面試官用職業化且明顯帶著輕蔑的語氣告訴她，身為經理，她有資格隨便處理應徵者的履歷，而且並不需要做出任何解釋。況且，他們並不需要一位連投履歷都需要讓男朋友陪同的員工。

欣芮聽完這一番話，竟抿了抿嘴，沒有反駁。而是彎腰從雜物堆裡撿起履歷，再次交給她說：「我希望妳還是能考慮並且有消息一定要通知我。」說完便離開了。

果真，一週之後她得到了這份高薪工作。老闆說，希望她的能力，可以跟她表現出來的驕傲一樣讓人印象深刻。

像大多數要強的大學生一模一樣，她到了新公司鼓足了幹勁，什麼娛樂、男友都不再重要，她發誓要讓妝容完美的經理對她刮目相看。

事後我問她那天為什麼這麼做，她高傲地說：「為什麼？沒有為什麼，不過是因為值得，我需要這份能改變我生活的工作，它值得我這麼去做，我想要的只有我自己才能給我。我選了這條路，因為這條路值得我拚一把」。

事情已經過去很久了，但很長一陣子，我都在思考欣芮跟我說過的話。

之前，我一直都自以為是地認為，我能「鼓勵」和「勸勉」我身邊的人做得更好，得到他們想要的生活。後來經歷了這樣一段故事之後，我猛然間意識到，能改變他們的只有一個人，那就是他們自己。

假如他們本身根本就不想改變，或者又不知道從哪裡開始改變，那麼你所做的一切都是徒勞的。

所以你根本不必擔心任何人，如果你並不喜歡他們，完全可以不跟他們一起相處。但是你要知道，你並沒有權利去改變他們。

有人說：「改變了你的思維，你的生活就會得到改變。」我絕對是相信的，情感跟思想構成了我們的經歷。

所以，為了生活得更美好，有問題就不要去抱怨任何人，不要去抱怨環境。僅僅是因為你不喜歡你現在的處境，並不意味著你現在的這種處境你沒有責任。所以，為什麼你要一味羨慕別人的生活而不去改變你現在的處境呢？

你一定要知道，你，也只有你自己，才能對自己的生活負責。上週中午，我跟一個許久未見的剛留美回來的朋友相約。自從升職後，我就是一個過著輕奢生活的月光族，而她從畢業到出國，從國外到回國，生活方面沒有任何的變化，依舊清純得不戴任何裝飾品。

當她問我目前的生活情況時，我頓了一下，說：「其實我還是算一個很自私的人吧，我對其他事情一萬個不好，我只想把自己的每一天都過得充實舒適，所以我喜歡什麼就買，想去旅遊就會去。」

其實我覺得我自己還是有一些自制力的，而我的自制力都源於我需要去賺錢來養活自己和我的家。事實上我只想讓自己沒有拘束地安逸地活在當下。

我朋友說我是她所有朋友裡最會享受生活的一個人，不用帶孩子，不用照顧家庭，而且父母都有各自的收入來源，自己也有穩定的工作。

但我認為最重要的原因是我真的很愛生活，並且懂得如何去愛自己。其實我覺得二十幾歲正是我生命中最好的年紀，身體健康，親人安在，現世安穩。那麼又有什麼理由不去好好經營自己想要的生活而是去把生活弄得一團糟呢？

以前，「自私」這個詞往往會被人認為是個萬惡不赦的貶義詞，但是經歷得多了才發現，人還是「自私」一點吧。

這裡我說的自私並不是把別人的利益拿去犧牲而換取自己的滿足，而是強調在不傷害別人的情況下對自己想要的生活的重視。當你花費一部分精力在自己身上時，會發現我們離我們想要的生活並非那麼遠。

而她選擇了樸素簡單的生活，她喜歡自然清新，不喜歡都市快節奏的生活。從美國回來後，她拒絕了幾家大企業丟擲的橄欖枝，在繁華的城市裡開了一家咖啡館。

她就在這樣一個快節奏的城市裡，劃一方淨土安穩下來。

在我為一份企劃案焦頭爛額時，她正在研究咖啡豆的區別；在我拿著一份文件東奔西跑的時候，她正在挑選今天要播放的CD；在我匆忙喝完一杯即溶飲品，三口兩口吃掉一份三明治時，她正在為自己做一份摩洛哥沙拉加鮪魚義大利麵，順便在咖啡的香氣中跳了一段布魯斯。

我選擇了這樣的生活，在這種生活中不斷努力；她選擇了那樣的生活，在那種生活中遠離喧囂。一切都沒有為什麼，也沒有什麼好壞，一切不過是值得。

## 為什麼是你？因為你想要的生活就在這裡

夏楠說，她從來沒有像現在這樣這麼喜歡賺錢、嚮往金錢，對金錢的愛慕程度足以讓以前清高的自己去鄙視。

夏楠在大學畢業後，就找了一份人人眼中都很理想的工作。這份工作的確讓夏楠自我感覺良好，覺得學以致用，唯一的缺點就是薪資不高，只能維持她最最基本的生活花銷。

除了每月負擔的房租、電話費，就只剩下一點零錢，甚至維持不了一天的娛樂費用。一旦需要較大筆的開銷，她就會用信用卡透支消費。這份工作，夏楠只做了不到一年，就身心疲憊地離職了。

她跟所有人都說是因為工作勞累而辭職了。只是在偶然間的一次只有我和她的聚餐中，夏楠才說，其實她辭職的一個非常重要的原因是她再也不想過這種窮苦的日子了，她決定要過自己想要的生活。

她受夠了每個月因為幾百塊錢而斤斤計較，自己喜歡的東西總是買不起，還要自我安慰說這是在為理想而奮鬥。但是如果連自己想要的生活都滿足不了的話，那對於自己來說，理想到底是什麼？

夏楠理所當然地換了一個高薪職業，即使這個職業並不是她喜歡的，但是薪資卻是之前的三四倍。她說她並沒有想到拿到第一個月的薪資時自己竟然那麼興奮，趕緊跑到百貨公司把早就想得到的名牌包包當場買下送給自己。

生活不再像之前那麼窮苦之後，好像整個身體都輕鬆了很多，絲毫不感到疲憊。夏楠說她一定要承認，她並不是一個清高的人，更不是那些視金錢如糞土的雅士。

其實夏楠業餘的時間還是會偶爾地做做以前的工作，但純屬消磨時間罷了。另外，經濟上沒有了負擔，很多事情都順手了許多。

畢竟我們都只是普通人，把生活經營好了，才有力氣去想那些所謂的理想，所謂的詩和遠方。

就這樣，夏楠放棄了自己喜歡的東西，還有自己在大學苦讀四年的科系。她說：「我放棄了我喜歡的東西，但是現在我生活得很好，單憑這一點，我就覺得值得，因為現在過的才是我真正想要的生活。」

其實，我認為賺錢並不是一件有多麼丟人、多麼沒面子的事。其實賺錢除了能改善生活，也能考察一個人的能力。

一般來講，賺錢能力強的人，在生活中與人溝通和解決問題的能力肯定不會太差；相反，一個一直賺不到錢的人，要不是對於金錢沒有欲望，要不然就是缺乏相應的能力。

換個角度來講，賺錢能力越強的人經營生活的能力越不會差，所以生活會比較順心如意。那些一直都賺不到錢的人經營的生活肯定會差一些。所以，賺錢也是改變生活的原動力。

當你明白賺錢其實是一件很不錯的事情的時候，就會多留給自己一個賺錢的機會，其實也是留給自己一個改變生活的機會，自然而然也就沒了那麼多的條條框框，自己想要的理想生活也會衝自己招手。

不管費多少力氣，也要努力賺錢得到自己想要的生活。

我身邊有一位認識十年的好朋友皮皮。他大學畢業之後選擇了一份非常讓人反感的職業——業務。幾乎所有人聽到這個職業之後都會心生厭惡，在大家有限的認知裡，總覺得業務就是一個連騙帶糊弄，說話天花亂墜的行業。

但是皮皮規劃了一陣子之後，為了賺更多的錢他還是去一個知名品牌的咖啡公司做了一名業務。

在其他同學早九晚五擠捷運搭公車的時候，皮皮正在全國各地出差、跑業務、開年會。每天見到形形色色的人，簽著數不清的訂單。

在之後我跟他的一次小聚上，皮皮還是一如既往的模樣，並沒有成為我們口中的油嘴滑舌先生。

幾年之後，從同學口中得知，皮皮早已經順利升了職，接手了公司，在我們還帶著初入職場的恐懼的時候，皮皮已經憑著自己的銷售經驗用人生中的第一桶金付了房屋的頭期款，而且準備要結婚。

身為跟他認識多年的好朋友，我也表示不可思議，並對皮皮的能力佩服得五體投地。皮皮說，最開始做業務的時候，其實是考量了自己的能力之後做出的選擇。但還有一個原因就是想多賺一些錢，畢竟快結婚的人了，很多事情都要由他來做。婚後生活的品質也是由經濟基礎決定的，畢竟誰都想要更好的生活。

他說他之所以這麼拚命賺錢工作，就是為了想要如今這樣的高品質生活。

其實現在想想，那些為了賺錢改變生活而放下高學歷帽子的人，還有那些越來越多名校畢業的人去做一些路邊攤生意的時候，賺錢在他們手裡彷彿也變成了一件有趣又好玩的事情。

其實不在意形式，憑自己的知識水準和頭腦去賺錢，用賺來的錢享受當下自己想要的美好生活，不好嗎？

不管你選擇哪種生活方式，你都可以活得很精采。如果你想要更好的生活，別害怕，大膽去做就是了。

## 保持身心健康，是追夢的基石

木木是我認識的一位攝影愛好者，是我朋友的朋友，我們一起去KTV唱過幾次歌。據說她從很多年前就開始喜歡攝影，還在上學的時候就開始用自己的壓歲錢買鏡頭和相機。後來上了大學有能力了，就自己打工賺錢來買。

在一次跟爸媽的通話中她無意中說道：「我現在花這麼多錢來買相機，在之後我一定會用我的相機把這些錢賺回來的。」

當許久之後，我再想起木木說過的這句話的時候，她早已成為一名專業的攝影師了，並且自己已經獨立很多年了。

她跟我說，她當時說那句話的時候只是無意中隨口一說，沒想到最後真的實現了那句話。後來我想，可能她早就把攝影師的種子埋藏在她的心裡了，只是當時她心中的種子還未發芽，她也還沒有察覺到罷了。

木木跟我說，她不顧一切地辭掉當時的工作去圓攝影師的夢的時候，她想了很多天，也做了很多準備和分析。在確認自己不會被餓死的情況下才決定隨著自己的心意做一次試試看，大不了沒成功就再回過頭來繼續做之前的工作罷了。

她還是很幸運的，在這之後的兩三個月就接到了攝影工作。之後透過很多找過她的顧客口碑相傳，找她拍攝的人日益增多。

她曾經在網路上回答過一些關於自由職業方面的問題，獲得了更多人的鼓勵和支持，這之後也有很多她的粉絲私訊問她一些關於這方面的具體問題。

木木跟我說，每個人的人生都是無法被複製的，自己到底想要做什麼、能做什麼，還是要問問自己的心。沒有人能替自己的心做決定，也沒有人能阻礙自己身體前進的方向。

其實有些時候，我們聽過太多的人跟我們說話，我們自己也說了很多的話。但是雜音太多難免會妨礙自己心底的聲音發出來。

如果我們還記掛著自己，就不妨在夜深人靜的時候放空身體，讓我們的身體努力尋找一下自己心的聲音，在漆黑中找尋那件我們心中篤定的事、那個篤定的人、那個篤定的一瞬，如此人生才不會迷茫，我們的身體才不會因為聽不到心聲而迷路。

再漆黑的夜，也是能尋找到亮光的。

林夕是我的一個女性好友，其實她跟我之前的職業一樣，是一位平面設計師。雖然她的職業是設計師，愛好卻是做飯。

她每天都會拿一大部分時間來研究製作美食。為家人做午餐晚餐，為朋友做零食，每天都樂此不疲。偶然間我在網上瀏覽過一篇關於美食的文章，我直到現在都很清晰地記得文章的配圖是繫著小花圍裙在廚房中忙碌的林夕。她眼神專注，表情中有一種認真的寧靜。原來，林夕自己開了一間私廚，每天從採購食材到操刀下廚都由她一個人完成，想來吃飯和訂餐的人都要提前一天電話預約。我現在忘了那篇文章的具體內容是什麼了，只記得當時照片上的林夕有一種很篤定的氣場。

人生路長，至少我是這麼認為。很多人在睡眼矇矓的時候就在路上了，走了一段很長的路後猛然間回首，原來之前選擇的並非所愛。此刻的迷途知返，才是最有智慧的做法。木木和林夕都不是一開始就做攝影師和廚師工作的，但是這似乎並不妨礙她們兩個將自己的過去「推倒重來」。

因為她們的身體追隨著他們的心聲去尋找屬於自己的棲身之地。人生走的每一步路都是沒有白走的，很多人會覺得林夕之前做了那麼久的設計師，然後一下改行做私廚，豈不是將多年累積的經驗白白浪費了。

但是事實是之前她自己做設計師培養起來的使用者體察能力，對於一個私廚來說也是很有幫助的。

其實身體和心都在通往夢想的路上。我曾經想像過無數次我自己未來的樣子，無非是輝煌璀璨，或者是平靜如斯。

如果要讓我自己選擇的話，我還是喜歡平靜一點，不被打擾。一個人最好的樣子就是寧靜一些，平靜地聆聽自己心中來自遠方的呼喚，再不需要回過頭去關心那些之前的是是非非，只要可以一直向前走，穿過一個又一個沒去過的城市，走過一個又一個沒走過的街道，一片又一片藍天，見證一次又一次的別離。

如果有更美的風景，我相信我的身體還是會追隨著我的心繼續向前，熱切地追逐。總之不管是遠行還是駐足，肆意狂歡又或者是安靜獨處，唯一不變的是生命的遇見，遇見陌生的風景、陌生的人和未知的自己。

人生就像一次旅行，不必在乎目的地，只是欣賞沿途的風景。而人生無法停留，沒有終點，我們所路過的地方也許就是當時我們見過的最美麗的風景。但是有時心底有一個堅定的聲音告訴自己：也許下個地方會讓你死心塌地地停下，不再離開。

很多人在選好的道路上走了一半，突然發現這條路不是自己想要的。有的人渾渾噩噩繼續往下走，有些人停下來思索一下，又選擇了另一條路。

人生就是一場旅途，我們無法選擇終點站，卻可以選擇沿途的風光。就算選錯了又怎樣？時間還很長，跟明天比起來，今天永遠不算晚。

即使前方的路充滿未知與挑戰。身體和心，一個都不能死。它們始終在路上，尋找最美的風景。

學會拒絕依賴，修煉內心的堅韌

婚前，不少女性都會做這樣一個選擇：是在家當全職太太，還是出去賺錢？相信有不少人都會選擇全職太太。有人是太相信、太依賴自己的先生；也有人是太懶，不願意出門賺錢。

當然，這兩種都不是好現象。

朋友阿花決定和先生分居了，決心是她下的，但真正放不下的也是她。阿花淚水漣漣，悵然若失，向我訴苦道：「誰為他做飯洗衣服？那麼多年了，他沒有我，一個人能過得好嗎？他會不會像我一樣也不習慣呢？」

我耐心地告訴她：「當時說分開的是妳，說放下不再愛的也是妳。妳放心，他過得一定比妳好，妳就放下那些所謂的關心吧。」

半個月後，她先生看到她的電話已經懶得接了，而且對她愛搭不理，十分冷淡。一天半夜，阿花突然高燒不退，於是習慣性撥電話過去，對方不帶任何感情地回答了她幾個字：「自己去醫院。」

她這才知道，分居之後，她和她兒子的大事小情都早已與他無關。沒人打擾，人家巴不得這麼清靜，直接享受單身的待遇。

朋友跟我抱怨：「男人真像是風一般，來得快，去得也快；拿得起，放得下。十年的婚姻，我一直占據著主動權，旁人都說我養老公就像養兒子一樣。可是他們不知，風水輪流轉，不知什麼時候就早已轉到了另一邊，要多快有多快。」

類似的這種戲碼還有很多，當女人愛到深處的時候，都會急於把夢想當作現實，但願長睡不醒。把男人當作依靠，臉上寫滿了依賴，把他們當作自己的「造夢師」。他們能輕易地在她們的腦海裡植入很多的夢，也同樣能輕而易舉地讓她們的期待和依賴一下子坍塌。

但總有執迷不悟的人，他們選擇把自己的一生託付給另一個人，在對方不願意承受後，反過來再說自己受了傷害。這其實是很不負責的事情。

把自己的人生交給別人，別人就要承擔起兩個人的人生，這是相當不公平的。與「直男癌」一樣，「直女癌」也是相當可怕的事情。

「直女癌」認為，女人天生就是弱小的，男人就應該照顧她。比如，買單就是男人的事，各付各的或讓女生付錢，就是男生不懂事。還有「男生的力氣比女生大，所以你應該幫我拿包」之類的。

結婚之後，「直女癌」認為住老公的房、花老公的錢，而自己在家什麼事都不做，是世界上最公平的狀態。甚至美其名曰：你負責賺錢養家，我負責貌美如花。

「直女癌」被男權思想禁錮久了，她們排斥獨立自主、精明強悍的女性；「直男癌」認為女強人缺乏女人味，「直女癌」也覺得女強人太招搖太強勢，覺得女強人吃飯還要自己付帳是身為女性的恥辱。她們選擇了完全依賴的生活，一旦生活受到不穩定因素的影響，她們就會失去生活的來源。

然而，選擇當「直女癌」的女性，大部分也是玻璃心患者。她們覺得女性相當弱勢，遇到事情就會蠻不講理地把自己當成受害者，幻想自己是苦情戲的女主角。

我對我朋友說過，沒有必要因此就把自己的身分轉換成受害者。其實，這種受害者持有的所謂的「玻璃心」，反而是成功路上的阻礙。

有個女性好友熱戀一個月的男朋友突然就人間蒸發了，沒有理由沒有徵兆地消失了。

就像偶像劇裡的情節一樣誇張，昨天夜裡剛和那個人卿卿我我，起床之後收到一個訊息：對不起，我做不到，忘記我吧。

於是她瞬間覺得自己失去了整個世界，自己的人生也在夢醒後瞬間坍塌。好友跟我說：「我放不下他給我的依賴。」

直到一次我們在酒吧遇到了那個「負心漢」的朋友，她以為她是這個世界中被男人用最狠心惡毒的方式甩掉的倒楣女孩。不料他們並不以為然，他們認為女人的內心就是玻璃做的，太過於脆弱，一得知自己的感情世界崩塌，就會上演一哭二鬧三上吊的戲碼。

很多人都會很容易地將「我愛你」說出口，並且一愛就要愛得「死心塌地」。

其實，真正需要愛的難道不是我們自己嗎？每個人都知道要自愛，可是我們真真正正應該要愛的是一個從生到死亡都陪伴著的自己，而不是那些「造夢者」為我們編織的夢，也不是那些「負心漢」給我們留下的依賴。

在漫長的歲月中，我們把太多真實的愛都給了那些虛無的存在，比如那些所謂的依賴和占有欲。我們甚至於用這些虛無的東西扼殺控制那個真正的自我、那顆真正跳動的心，而不是一觸即碎的「玻璃心」。

但是也真的只有倦了、累了、痛了、錯了，才知道那顆心原本的模樣，「玻璃心」不是越保護越讓它受傷，不是越懦弱越容易碎。只是我們為什麼要讓它碎呢？為什麼不能讓它越保護越強大，越懦弱越堅強呢？

不是掩耳盜鈴的天真幼稚，而是那種真正的愛；不是單純的依賴，不是易碎的玻璃心，而是給予彼此溫暖的安靜與自在。

為了你想要的生活，你首先需要討好你自己。對自己說：「放下依賴，放下『玻璃心』，堅強地站起來吧！摒棄過去的懦弱，選擇做內心強大自己。」

## 你的夢想，現在藏在哪裡？

我高中同學跟我說，他的學校是一個說出來根本就沒人聽過的破大學。

大一那時候，每個人都覺得自己進了這個學校就完蛋了，畢業之後也沒什麼出息，乾脆自暴自棄算了。

只有他不服輸，說自己以後要開公司，要創業，而且公司還要在大學畢業的那一年上市。從此之後，大家就贈予他一個外號，「夢想家」。

「夢想家」果真是「迷」得很，剛上大一，他就很少出現在課堂上。他說學校的課太膚淺，根本學不到什麼實在的東西。於是，他跑到別人的外語教學課上，找那些外師和留學生去練口語。同學們看他連做簡單的自我介紹都結結巴巴的樣子，覺得他真的是在做夢。

就這樣，到了大一的下半學期。他同學們都在傳：「夢想家」休學了。甚至還有人說：「夢想家」去當兼職翻譯了。

所有認識他的人，都覺得邀請他當翻譯的公司真是見了鬼了，是個人都能當翻譯，以為翻譯這麼好當呢？可是學期末，「夢想家」在活動中來了一段英文演講，真的達到了跟外國人交流的水準了。大二的腳步臨近，這時聽跟他熟絡的朋友說，「夢想家」去一家公司打工了。很多同學都嗤笑道：「替別人工作？難道他說的創業開公司不了了之了？」

直到大四的時候，他們才得知，「夢想家」在打工期間結識了一位五十多歲的大叔。一段時間之後，這位大叔邀請他一起創業，於是兩人都開始籌錢。

當時，他班裡有不少同學都收到了他借錢的訊息，但就像約好了似的，沒有人想借給他。只有外班幾個跟他不錯的人湊了一筆錢給他，之後就再也沒有他的任何消息了。

「夢想家」就這樣憑空消失了，他身邊的人都說，那幾個借錢給他的外班同學上當了。

直到幾年之後，大家才得知他的公司真的上市了，雖然比他預計的晚了兩年，但也是實現了。隨後大家問他消失的這段時間去了哪裡，他說他在籌備公司的同時順帶替別人工作來維持自己的生活，雖然並不是特別高的薪水，但是養活自己足夠，並且有條件讓自己去享受生活。

那個跟他合作的大叔教會了他很多東西，他對「夢想家」說如果連自己的生活都經營不善的話，就更別說去經營公司了。所以，他消失的這段時間，是拚命地賺錢和去學習如何經營自己的生活，而不是為了新公司去籌錢。

你覺得對於實現夢想為時已晚的時候，恰恰是最早的時候。

「夢想家」不傻，也不迷，他從一開始就知道自己想選一條怎樣的道路。

一群迷茫的大學生，笑話一個有夢想、有追求的人，這本身才是件好笑的事。

現在，我們變得越來越羞於談夢想了，甚至都羞於去談自己的生活。當別人問起我們的夢想的時候，更多的是迷茫。

當下，很少再有人拿「夢想」這兩個字去高談闊論了，「夢想」似乎只是在舞臺上才會出現的詞語。而我們的生活，就像我們的收入一樣，彷彿成為了自己的隱私。

為什麼在生活中突然就沒有人願意談夢想了？因為我們害怕呀，害怕一個連生活都經營不好的人，說夢想會被人嘲笑。就算說了，也不會換來仰慕，而是對方的一句：「你能不能分清夢想和現實？」

什麼是現實？生活就是現實的寫照，當我們羞愧得說不出夢想的時候，不正是因為我們信心不足，知道我們的實力經營不了我們的夢想嗎？其實並不是因為我們不說夢想，而是我們沒有實力來經營好自己當下的生活，那又拿什麼資本去經營遙不可及的夢想呢？

人有了物質才有了生活，人有了生活才能談理想。

在生活環境、社會環境的變化之下，我們早該適應如今社會的這種生活狀態了，要麼沒有夢想，要麼提升能力。而我，我毫不猶豫地選擇了後者。

哪怕夢想遙不可及，也要努力一步一步去接近它，哪怕生活再艱辛，也要學著安排好，不是嗎？都什麼年代了，難道還能被生活打倒了不成？

人生會有三次跳躍進式的成長。

第一次成長是發現自己已經生存不下去卻還為了生活奮力打拚的時候。

第二次成長是不管怎麼努力賺錢、怎麼改變自己，都覺得不會靠近夢想，但還是會對生活抱有一絲期望的時候。

第三次成長是已經知道有些事情的結局難以改變，有些夢想實現起來並不容易，但還是依然願意經營好生活，為夢想而努力的時候。所以我們不要在還沒好好經營生活的時候就讓生活先奪走我們追尋夢想的光芒。安排好生活再談理想，這很重要。

不要在最初的岔路口就停滯不前。即便選錯了也無妨，人永遠不怕在路上。

## 友誼有目的性，又何妨？

前兩天，落落突然被一個自認為她在這一年裡最好的朋友發文諷刺了。

他的原話大概是：「經常有人問我怎麼突然變得這麼冷漠，那我現在就告訴你們，你們又不拿真心出來交朋友，我熱臉貼冷屁股貼得心寒不行嗎？」

對，落落就是那個被諷刺是冷屁股的人！身為一個想當年被好幾個人說交朋友特別真，感覺都是把心掏出來的人，她竟然一時無言以對。

事情起因大概就是，落落身為一個「拖延症晚期患者」，在別人論文都交了「八百年」進入期末總複習的時候，她還是苦兮兮地跟在學姐的屁股後面改論文。

她忙得差不多了，打算關心一下自己的小夥伴，卻發現她們全是用同一張冷漠的臉對著她。

首先，落落開始試著用厚顏無恥的精神若無其事地強勢插入，然而這對於她們來說完全沒用。無比耿直的她，只好開門見山：「妳們最近是不是對我有意見啊，為什麼？」

她們對落落說道：「我覺得妳交朋友不真心，沒有事就不會聯繫我們，一旦聯繫我們，不是有問題，就是讓我們幫忙占位簽到……我們不想妳只在有事的時候才來找我們，沒事的時候就誰也不管不顧，只是自己忙自己的。如果這樣的話，那麼我們對於妳來說只是『目的性』朋友罷了，並非好朋友。」

落落聽後突然陷入了沉思，這麼多年，她身邊的朋友來了又散，真正隨時間沉澱下來的好像兩隻手差不多也夠數完，突然發現這些人都是些所謂的「目的性」朋友。

手機通訊錄裡面靜悄悄躺著的好多個極少互動的好友，有的多達幾個月都不會問候，而一旦聯繫，大部分話題的開啟都是各式各樣的有求於人：

落落姐啊，妳是不是研究XXX的，快給我一點資料。

落落啊，會不會做這個表格啊？快幫我弄一下。

落落啊，我要買這個能不能幫我帶啊？

單刀直入一點廢話都沒有，覺得特別理所當然。

大概所有的朋友都是從夥伴開始的吧，一開始「伴」很重要，整天黏在一起形影不離。而我們所謂友誼的小船，都是在還沒有在一起之後，不知不覺中更新為巨輪。那些無法抵擋時間空間距離的小船自然也慢慢沉入深海，偶爾也會閃現一會兒。

當我們還年輕的時候，想對整個世界都盡量展現出最大的友善，交起朋友來也是「用力過猛」。慢慢地，突然越來越覺得力不從心了，交朋友似乎也變成了一件極其困難的事情。

想要面面俱到照顧好每個人的情緒，想要跟得上每個人的談話，想要融入每一個小團體，都變成了一件需要耗費大量心力的事情。大多數時候甚至還不如自己一個人來得自在快活，偶然遇到一個相處起來沒什麼壓力能暢所欲言的人，簡直就像中了樂透一樣。

突然發現找一個臭味相投的朋友其難度不亞於找對象。

其實話又說回來，俗話說：交朋友易，守朋友難。這次更發現「目的性」朋友的可貴。平時無事大家都各忙各的，偶爾互相交談調節一下心情，沒有人回應也不會覺得友誼的小船會因此擱淺。

在條件允許的時候，榨乾「目的性」朋友的每一點價值就是一個天經地義的選擇，更棒的是沒有一個人會有怨言。這就是我們友誼得以更新為巨輪的謎之相處模式。對，我們就是要這樣「厚顏無恥」。

「目的性」的友誼又怎麼樣？

在形容友誼的時候，我通常會用一個極酸的句子：朋友，相信我是你最堅實的後盾。

我有一個高中的好朋友，我跟她大概維持一學期聊一次的頻率，之前應該有個一兩年沒有聯繫了。

前段時間，無聊的我寂寞難耐，莫名又勾搭上了同是天涯淪落人的她，吐吐槽：「找工作好難啊，畢了業找不到自己喜歡的工作壓力好大啊！」她突然一本正經地說：「實在不行就到我這邊來，我罩著妳，我這邊不錯」。

不知為什麼，聽到這句話的那一瞬間我真的被感動到了。總而言之，我們得珍惜身邊的每一位「目的性」朋友。

其實我覺得「目的性」的友情也是人生中難得的一筆受益匪淺的儲蓄。

當然，我承認「目的性」是與金錢和利益掛鉤的。生活中我們難免會遇到一些困難是只有金錢才能解決的，畢竟也有憑我們的一己之力解決不了問題的時候，往往這個時候，我們腦海裡跳過的，就是我們儲備的「目的性」的朋友。

而後，他們會傾囊相助，從而使我們一時的困難得以化解，從困境中走出來。真正的友情並不是單向支取，而是雙向的付出。當我們的「目的性」朋友遇到問題需要我們的時候，我們必將也會無條件地付出。

如此看來，大部分的友誼還都是帶有幾分「目的性」的。這種「目的性」透過我們彼此之間的累積不斷地加重其重量，從而鑄造了我們堅韌不催的「目的性」友情。正是這種我們之間的「目的性」關係，讓我們的友情得以永遠地儲蓄下去，不好嗎？

選一個「目的性」的朋友，其實沒什麼不好。

## 關於選擇，你真的敢做決定嗎？

跟大學室友一起喝咖啡，她從口袋裡拎出一件衣服，對我說：「看見沒，這是我當年考研究所的戰服。」

當時，她為了留在臺北考研究所，特意去百貨公司挑選了一件自己喜歡的衣服，就像要去打仗一樣，並且為它取了一個很霸氣的名字，叫做「戰服」。

我問：「那妳後來考上了嗎？」她說：「並沒有如我願呀。」

隨即我們相視而笑，後來我們都沒有再去討論跟考研究所有關的事情，然而「戰服」這兩個字讓我至今都記憶猶新。

其實我非常佩服我那個朋友的。有的時候，我們自己能去主動地選擇一些事情，勇於作出自己的決定，並且能承擔一切後果，我覺得這並不是一件多麼容易的事情。相比主動的選擇，被動的等待就讓人省了力氣。

但是想想看，要是不敢給自己一次選擇的機會，不敢給自己一次「穿戰服」的機會，或許永遠都不會知道在自己的人生道路上掌握主動權是一種什麼滋味。

有部電視劇很多年輕人去追，叫《太陽的後裔》。韓國偶像劇中出現了一位在戀愛中占據主動權的女人，讓很多人對此都非常訝異。正是因為這個原因，才讓這部劇一時大賣。

當一位成熟女性在戀愛中覺得自己的戀愛對象與自己的價值觀產生極大衝突的時候，她會理智地選擇分手。這類成熟女性不會是被動的角色，而是時刻掌握先機，她們永遠是掌握主動權的那一方。對於自己的價值觀，她們在任何人面前都勇於保護它。無論什麼時候，她們都勇於對自己負責。

墨墨是我的朋友中深藏不露但也不怎麼出眾的一個人。她永遠不會在聚會上嶄露頭角，即便是去了，也會自己安靜地找一個角落看著熱鬧非凡的我們。

在她還小的時候她的父母就一直忙於工作，所以，墨墨從那時候開始就由奶奶來帶，等到上小學之後她才開始回到父母身邊。

墨墨本質上其實是個很柔弱的女生，而在學校卻是一個大姐大的形象，她說這個地位是她自己努力得到的。她個子很小，而且總不給人好臉色看，所以很多男生總是「捉弄」她。

剛開始的時候，墨墨並沒有反抗也沒有採取行動，只是單純地不理和忍受，直到她被「捉弄」的次數多了，她才決定開始行動。

在一次放學之後她把帶頭捉弄她的人教訓了一頓。此後，墨墨小學六年一直是一個高傲的大姐大的形象。

墨墨跟我說，別看她體型柔弱瘦小，其實她很小的時候就是一位戰士。小時候跟那些淘氣的男孩子一起打仗，長大些了就為那些備受欺負的小女孩打抱不平。

墨墨的前男友是外地人，兩個人感情甚好，前段時間正準備談婚論嫁。但是墨墨的父母並不想找一個外地的女婿，為此雙方僵持了很長一段時間。

後來的幾個月我才知道，墨墨毅然地分手了。她說她不想讓他身處於一段可以輕易被地域歧視毀掉的感情世界裡，也不想讓他處於一個不接受他的家庭之中。

我想，正是因為愛，墨墨才敢放棄吧。在墨墨的那段感情中，她就像是一個主動披上戰服的戰士，一個人作戰，勇敢地主動出擊，能承擔自己選擇之後所帶來的結果，勇於面對自己。

真正的勇士，勇於承擔與面對一切後果。

世界上是沒有後悔藥的。如果真的有的話，自己就可以將人生重新來過，但也同時證明了自己的失敗與懦弱，再怎麼選擇注定還是以失敗和懦弱收場。

在我看來，就算真的得到了後悔藥，也只是治標不治本，因為自己的懦弱而不敢承擔隨之而來的責任，也承擔不起所作決定而產生的一切後果，而後必定會心生懊悔，從而作出另一種選擇。

作了另一種選擇之後亦也無法為出現的責任和後果負責，再次心生悔意。於是就這樣進入一種惡性循環之中，不敢面對自己的人生，不敢扛起自己的責任，一味地選擇去躲避。帶著心中的羞愧去躲一輩子，卻發現自己根本就逃不掉，只能甘願做自己內心的囚犯和命運的奴隸。日夜倍受煎熬、墮落沉淪、永遠找不到盡頭。

人生也好比一個賭場，不一樣的是，莊家決定你的命運，賭客手上的籌碼換成了你的人生。逃避不是我的風格，對於懦弱的人來說從來都是不屑一顧，又不甘承認自己失敗棄子認輸，更不可能自動棄權。

真的輸了嗎？我不打麻將，不推牌九，所有與賭有關的名稱都與我絕緣。但是，現在我才發現，其實我才是這個世界上最瘋狂的一個賭徒，我在一局還沒開盤前就已經知道這是一個必輸的賭局裡，還是毫不猶豫地賭上了我生命的全部。

目的只是想教訓一下莊家那張以為全面操控、自以為是的嘴臉。我拿著莊家給的運氣在和莊家鬥，這算不算是世界上最瘋狂的賭徒？抑或我是最傻的一個賭客？那麼，就放手一搏吧！

我手裡最大的底牌，就是：「我敢！」

人生並沒有彩排的機會，也沒有從頭再來的機會；人生並不是蓋高樓大廈，某個環節出了問題，可以拆掉推倒重建；人生也不是朋友之間的請客吃飯，它只能各付各的，自己為自己的後果買單。人生的船早已經揚帆起航了。

就如潑出去的水一樣，身為船長的自己請掌握好航向。不要回頭；如若回頭，必將覆水難收。如果開闢一條前所未有的新航向，當行到終點時能得到什麼樣的收穫，都不要為此大驚小怪。

有可能會它讓你欣喜若狂，也有可能跟來時一模一樣。靜悄悄地來，靜悄悄地走，得不到一絲雲彩。不過也不必介懷自己的一無所獲。

自己勇於開闢出一條屬於自己的路並堅持航行到最後，就已經是眾人眼中的佼佼者。

為自己的人生付出汗水與淚水，不管結果如何，我只求問心無愧就好了。

當有朝一日我站在眾人面前迎接他們所謂的世俗眼光的時候，我可以披著屬於我的「戰服」滿懷驕傲地說：「對於選擇，你敢嗎？我敢！」

# Part 4 走近「南牆」，讓迷茫成為過去

## 工作的意義，不僅僅是賺錢

朋友洛洛在大學讀的是財經，畢業後，他很幸運地考入了大銀行，並且留在了大學所在的城市。

他老家的親朋好友都羨慕洛洛的父母有這麼個好兒子。洛洛在家裡有出息，在同學圈子裡也是被羨慕的對象，他對以後的生活充滿了期望。

一晃三年，備受推崇的洛洛卻在大家的反對和質疑聲中，選擇辭掉了銀行的工作。

洛洛的職位是銀行櫃員，每天的生活都很枯燥，日復一日地辦理手續。而且，自己所在的分行在社區的周邊，大多時間面對的是不停嘮叨的歐吉桑和歐巴桑，就算再怎麼不耐

煩，也得表現得不厭其煩。

日子久了，他開始覺得上班是非常折磨人的一件事，想晉升想調職，但是如今沒有關係哪有那麼容易。加上每個月的存款業務，壓力大得自己每天都徹夜難眠。

洛洛原本還想再試一段時間，但又怕出去找不到好工作。轉眼間就熬了三年，發現等待時間越長對自己就越喪失信心，也錯過了很多機會。

他開始覺得，自己當初的選擇錯了，他開始看不到希望了。

雖然銀行薪資和福利真的是很讓人羨慕，但是難道為了賺錢就要忍耐一輩子嗎？其實並不是。自己想要兩全其美，但現在出去，也不知道應該做些什麼。

他只想離開這個環境，找個自己真的想要做的自己喜歡的事情，而並不想因為賺錢就忍受這種無盡的煎熬。

銀行櫃員在大眾眼裡就是普通人夢寐以求的工作代表之一：工作穩定，高薪好福利，光鮮體面。在這個競爭激烈，高學歷大學生找工作都極其艱難的時代，誰家孩子在銀行上班，大家第一反應就是：這孩子真有出息，以後生活不用愁啦。可是又有誰知道後面的辛酸與痛苦呢？

洛洛最初選擇銀行，也是向著銀行櫃員的好名聲而去的，最後卻這般慘淡地收場。他後悔最初沒搞清楚職位情況，也後悔沒問問自己，是否真的喜歡做這件事情？是否適合？是否能承受這麼重的壓力？

對於洛洛來說，他對銀行櫃檯工作打從心裡排斥，沒有工作動力，再高的薪酬福利也失去了意義。換句話說，這三年的堅持並沒有讓他真正地實現自我價值。

工作並不是為了賺錢，是為了自己。

洛洛最終還是選擇了辭職，雖然這次只是一個小小的職員，起點並不是很高，但是希望在遠方。時代在變化，如今找工作已經不僅僅是生存餬口那樣簡單了。

選擇什麼樣的工作，就代表選擇什麼樣的人生。

一份工作其實牽連甚廣，所以在選擇前，還是需要考慮更多的自身的因素。在理想和現實中找到平衡點，在高薪與自身能力中找到平衡點，才能做到持之以恆，從而在快樂的工作中實現自己的夢想和價值。

工作不是為了賺錢，而是你喜歡它，你喜歡這個工作，你喜歡做這件事情，那是最大的熱情，最大的動力所在。如果你為了賺錢，那麼永遠有比你想的更賺錢的買賣。

一個人步入社會工作是天經地義的一件事，但是不要把想賺錢當成工作的一個目的，任何一切以賺錢為最終目的而工作的人往往都不是那些賺大錢的人。

一個人常常陷入了一種空洞中，因為他並不了解工作的目的到底是什麼。似乎工作只是為了賺錢，賺錢只是為了享受，享受過後發現口袋裡還是空空如也。

當你踏入社會之後，你會選擇一種符合自己的生活方式，那個時候你的薪資還不是很多，你無法享受工作帶給你的快樂，你只會感受到生活帶給你的壓力。

經過一段時間的成長，你有了足夠的薪資收入，你這個時候想的就是換掉那個該死的合租房，找一間單身公寓；換掉那些整天吃了讓自己倒胃口的速食，找一些風味餐廳。

現在越來越多的人似乎覺得工作的意義是為了賺錢，工作的意義是為了高薪，那麼高薪有什麼意義呢？不要把拿高薪當成工作唯一的目標，而忽視了自己的職業目標和內在潛質。

只為賺錢而工作不是明智的人生選擇，沒有長期的打算，結果受害最深的往往是自己。如果以一種更為正向的心態對待工作，從中獲得的就不僅僅是薪水了。

很多剛踏入社會的年輕人，他們對自己充滿了很高的期望，他們覺得自己有學歷、有知識、有資本，應該立刻得到一個薪水豐厚、職位顯赫的工作。

在他們眼中，賺錢的多少成了一種衡量成功與失敗的標準。事實上他們沒有什麼工作經驗，既然這樣，他們又憑什麼向老闆索取高薪呢？

他們工作時缺乏信心、缺乏熱情，他們以應付的姿態對待一切，只是單純地以賺錢為目的，能偷懶就偷懶，能逃避就逃避，他們以此來表示對老闆的抱怨。他們工作僅僅是為了對得起這份薪資，而忽視了在薪資背後他們已然失去了更多。他們放棄了比賺錢更重要的東西。

選擇一定要慎重，否則浪費的不只是時間，還有你的情緒和志氣。工作並不一定為了賺錢。比賺錢更為重要的，是實現我們自己的價值與夢想。

## 堅持，是人生中最奢侈的禮物

好友姚姚在讀大三的時候，就四處找兼職實習了。

當時，她找到了一家很不錯的實習公司，這家公司是一家很有名的畫廊。她勤勞勇敢、任勞任怨，再加上自身非常有靈氣，讓她一直都是實習生裡表現最好的人。

由於姚姚資質好，還肯努力，加上當時的畫廊正好需要新人。於是畫廊的負責人告訴姚姚，他們畫廊打算留下她，讓她好好準備一下履歷，只要人力資源部門沒有什麼問題，那麼她畢業之後就是他們的同事了。

誇張地說，對於學藝術出身的孩子們，那個畫廊就是備受膜拜的工作場所。很多在繪畫方面頗具天賦的人，都對這個畫廊夢寐以求。

這幾年，畢業生的就業形勢有些慘淡，姚姚跟我說，她聽到畫廊願意把她留下的訊息後，幸福得快要暈倒了。

姚姚說，這份工作不是她最喜歡的，但正是她想要的，她願意去做。

一直以來，姚姚的工作要求就是要圖個穩定。她希望找一份收入穩定的工作，以後能安穩地生活，能自己養活自己，能買得起自己喜歡的一切。

當然，穩定也是需要資本的，姚姚選擇了畫廊，前幾年真的是在熬。

她不但要擔任著名畫師的助手，還要沏茶倒水，籌辦畫展，保養畫品。

姚姚開始猶豫了，她問我：「我是不是選錯了？當初大家擠破頭都想進這家畫廊，但是畫廊的工作實在太煩瑣，我這麼勞碌，還不如選一個收入更高的外商公司。」

工作也是人生大事，所以我不知道應該如何勸她。

好在姚姚是個意志堅定的女孩，她吐槽了一番，又安心回歸正軌了。

姚姚嘆了口氣，說：「路是自己選的，我在這個公司，照樣能活得精采！」

這句話就像她人生的預言，在熬過最開始的那幾年後，姚姚累積了足夠的能力和豐富的工作經驗。她就這樣真的穩定下來了。

姚姚說：「到了那時候，當你能一個人滿足自己想要的一切的時候，你就會體會到最初堅持下去的意義了。」

有位長輩的經歷讓我很有感觸。他是一九七〇年代的高中畢業生，在當時的農村，他也算是知識分子。畢業後，他在學校從事數年教育工作，但由於待遇低，且不能照顧家裡，他在人生的十字路口選擇了放棄。

隨後幾年，他又在煤礦做了工人，同樣由於種種原因選擇回家。二十年過後，之前的同事、工友在原來的職位上都過得相當舒適。而自己忙忙碌碌已步入暮年，唯一的寄託就是希望子女能過上好日子。

有些人說「這就是命」，但事實並非如此。原因很簡單，沒有堅持，那你想要的一切都不配擁有。

選擇堅持，其實是選擇不打折的奢侈品。如果沒有堅持，你再想得到它，它也不會屬於你。

堅持是什麼？我想我們最常聽的就是「堅持就是勝利」。

這句話在當下聽起來有點俗，但我還是感覺很有道理。堅持了就不會有遺憾，堅持的過程就是我們值得為此堅持的。

這就像我們逛百貨公司，無意間看中了一件喜歡的奢侈品，但是我們當時並沒有能力去支付它，於是我們下定決心：有一天一定要把它帶回家。在這個「堅持擁有」的選擇下，我們所承受的、我們磨練的都將是各方面。

正是這份最初的「堅持擁有」，才使得最後我們實現最初的願望，那件自己喜歡的奢侈品終將歸屬於自己。

當我們選擇把這份堅持加在中意的物品上，我們就會有一種很強大的成就感。

不敢選擇堅持的人，就如像牆頭草一般。他們看見哪裡好、看見哪裡熱鬧，就往哪裡跑。但他們的結果也將是一事無成，最後兩手空空，什麼都得不到。

能登上金字塔頂的只有兩種動物，一種是老鷹，一種是蝸牛。

老鷹飛上金字塔，並不能算是多麼偉大的一件事情，因為牠有雄健的翅膀，而蝸牛爬上金字塔，這的確很讓人心生欽佩。只有堅持不懈的努力，才能彌補先天造成的差距。

自然界的雄鷹並不多，如果我們沒有雄鷹一樣的翅膀，那麼我們就甘於選擇平庸，選擇碌碌無為嗎？不，我們不妨學學蝸牛，即使普通，也能一步一步堅持爬到塔頂，觀望頂端最美麗的風景。

選擇堅持，就在於忍耐堅持的過程。

堅持是一種精神，也正因為這種精神，我們的人生越是艱難，就越是自信；越是失敗，就越是屢敗屢戰，最終苦盡甘來。

選擇堅持，其實也是對人生負責的態度。人生不如意十有八九。當我們嚮往「如我所愛，無怨無悔」，當我們追求想要的生活，並且想得到我們夢寐以求的東西時，或許會遭遇到「理想很豐滿，現實很骨感」的困境。

也許當初的科系並非我們所愛，也許現在的工作並非我們所愛，但我們還能堅持，在當初的選擇中走下去。無論你當初選擇了什麼，都能透過堅持不懈，得到你渴望的東西。

我們有責任為了我們和家人更好的生活而堅持，我們有責任讓我們為了想要擁有的東西而堅持。

堅持是不打折的奢侈品，所以我們更要加倍努力，不是嗎？

## 凌晨的星空，為迷茫點亮答案

小乙上大學的時候，選擇當一名十足的「混世魔王」。那時候，全班同學對他的印象就是：成天曠課，上課就睡覺，要不就在網咖窩一整天。

大學畢業那年，他那離婚之後又復婚，復婚之後又要離婚的父母，這次真的決定徹底分開了。

那年夏天，小乙的父親跟人賭球，輸掉了全部家產，還負債兩百萬，一個人躲起來避風頭。他母親經不起一波又一波人催債，獨自一個人從老房子裡搬出來。

年近六十的母親和外婆，就一起擠在租來的破地下室裡。小乙打電話回家問她跟外婆的情況時，她總是笑著說一切都很好，讓他不要擔心她們。

有一次，小乙的大姨打電話給他，把他母親和外婆的情況全都說了出來。那時他才知道，她母親跟外婆一直在騙他，其實她們過得很艱難，只是把謊話說得天衣無縫。

很多人都不懂沒有房子、無家可歸是怎樣一種慘痛的感受。然而，比沒有房子更加可悲的是，當你不再年輕，還要和老媽和外婆在一起相依為命的時候，三個人一起無家可歸地艱難度日。

小乙從學校跑回家，才發現母親每天夜裡都難以入睡，甚至都不敢從潮溼破舊的地下室裡走出去。她害怕，怕遇到熟人會問個不停，也怕得到同情。

小乙知道，像他母親那麼要強好勝的性格，最不需要也最不想得到的就是同情。

這件事之後，小乙便收起了他的「混世魔王」形象，用我們的話說，就是選擇重新做人。他面試了幾家公司都沒有什麼結果，但他鍥而不捨，最終在報社找到一份穩定的工作。剛報到時，他就對新聞部的主管說：「以後只要有工作就叫我」。

之後，他創造了很多變態的工作紀錄：每週寫十二個版的新聞稿，每週寫七八萬字。

有一次，我們叫他出來聚一聚，他拒絕了。當時，他已經泡在辦公室四十八小時，就為了把一篇新聞稿熬出來。小乙身心俱疲地加班寫稿子改企劃，就為了把廣告文案完成，然後拿到那一萬五千塊的獎金。那段時間，小乙每天都能看到凌晨十二點的夜空。他就像一臺瘋狂工作的機器，彷彿一夜之間長大了不少。

他說，他閒暇之餘就仰望窗外的夜空，當看到天際中繁星點點的時候，有個內心的聲音告訴他：我要讓母親和外婆住上好房子。

這就是他的選擇。

小乙的母親過生日，他包了十萬塊錢的紅包給母親。母親連連拒絕，一再說不用，但卻笑得花枝招展。

這就是選擇的力量吧。小乙再也不是當初的「混世魔王」，他讓自己的母親有了向人炫耀自己兒子的本錢，再也不用躲躲藏藏，再也不用住破舊潮溼的出租屋，讓母親過上了想買什麼就買什麼的生活，再也不被生活的窮困潦倒所打倒。

他選擇努力，這就是他的收穫。

有人說，努力的意義，就是為了讓自己成功的速度超越父母老去的速度。當我們成功的時候，再回望背後那些心酸，那段痛苦的工作狀態，那些我們熬夜加班之時陪伴著我們的夜空。你會發現，一切都是值得的。

選擇凌晨十二點的夜空，能為我們人生上一堂重要的課：成長。我的一位同事，是1993年生的年輕女孩。來我們公司之前，她的父母一度想讓她考公務員。他們認為，公務員的工作清閒、穩定，收入高，如果再嫁個有錢人，好好生活，什麼都不用自己操心，那女兒的人生就圓滿幸福了。

於是，她每天都要承受父母對她的相勸和叨念。她父親對她不接受家裡的安排相當不滿，甚至當著親戚朋友的面說再也不認這個不孝的女兒。

如今，她還是拒絕了家裡的安排，毅然選擇自己的工作。每天工作十幾個小時，有時候深夜十二點還在公司加班，為的就是想要跟父母證明，做自己喜歡的工作，做自己喜歡的事情，再辛苦也值得。雖然很辛苦，但是可以學到很多東西，靠自己也同樣可以賺到很多錢，而不是去靠著別人怎麼樣。何況自己有手有腳，又憑什麼靠別人養活自己呢？自己的人生道路為什麼要讓別人替自己選擇呢？她跟我說，深夜十二點還在工作的確是很辛苦，身心疲憊，但是當她抬頭仰望凌晨十二點的星空的時候，繁星閃耀，一閃一閃彷彿是在為她歡呼，為她的努力而歡呼，為她的成長而歡呼。

每個人都有自己必須做出選擇的事。就像小乙為改善父母的住所，選擇拚命工作；1993年生的年輕女孩，為否定父母給她的規劃，立志在公司做出一番事業。

有時候，一夜之間的事情就足以讓人去成長，去領悟。

雖然加班熬夜是家常便飯，但是正是這些在深夜工作中懂得享受凌晨十二點的星空的人，才更會生活。對於他們來說，加班到深夜是一件浪漫的事情，當我們換一種眼光去審視它的時候，原來夢寐以求的工作狀態，就是這個樣子。

當你需要改變時，不妨選擇看看凌晨十二點的星空。

## 迷茫還是無所事事，你能分辨嗎？

大部分人都會遇到這種情況：

今天決定要完成的讀書任務，翻開書看一看，再拍張照片，然後發貼文打卡，接著等待著按讚留言，再抽個時間回覆留言。時間一點一點過去了，直到盥洗睡覺時你才發現，早上翻開的那一頁書，一整天都沒有動過。

有時候打算早起讀英文，看了看時間還早著呢，想說找個電影看吧。看完電影後，就又會想，還是玩一下遊戲算了。等遊戲玩得差不多了，一看時間，凌晨十二點了。算了，還是明天再讀英文吧，反正也不差這一天。

我們替自己找到了很多的藉口，什麼拖延症啊，懶癌末期啊，人生得意須盡歡啊……五花八門，各式各樣。當然，這些藉口也都說得過去，還附帶著勇於自嘲的幽默感。

但藉口過後，我們會哭喊著說：「哎，其實我也是想去改變的啊」，「媽呀，我覺得我好迷茫也好無助啊，我好惆悵無奈」，「我也不想這樣的，我想做得更好但就是找不到方向。」再然後，我們仍然在原地打轉，止步不前。

很多人把這種處境推給迷茫，我不禁想替迷茫喊冤。造成這一系列結果的原因，只是因為你選擇了一條太過清閒的路。

有人問：「為什麼我總感到太閒了呢？」因為你缺乏讓自己忙起來的自制力。

說白了，就是你控制不住自己。明明有很多事情要做，但就覺得不知該幹什麼好，到最後，你就會感到很迷茫。

晚上，資料室的女孩傳訊息給我，跟我說她總是控制不住自己，明明打算好好完成工作，但就是每隔幾分鐘就想滑一下IG，每隔幾分鐘就要看一眼手機。她也知道自己這樣不對，也想要改變，也想努力工作，但她就是做不到。

我告訴她：「妳並不是做不到，妳只是在兩條路中選擇了更好走的一條。」

其實，我們每個人都會遇到這樣的問題。關鍵在你是否擁有強大的自制力，能讓自己忙碌起來，然後去克服我們嘴裡所謂的「迷茫」。

我們每時每刻都在滑IG，滑FB，滑各種社交APP。彷彿只有這樣，才能找到你的存在感和充實感。其實，這就是現在人常說的刷「存在感」。

什麼「迷茫」、「不知道路在何方」，不過是我們為自己選擇清閒而找的藉口罷了。

我週末在家休息時，想替浴室和玄關鋪上防滑地墊。就是這麼簡單的一件事，我卻足足用了一整天。事後，我反思了一下，就算是整體大掃除，也用不了一整天的時間吧？

我先慢條斯理地選了一件居家服，然後上網加了幾個喜歡的歌單，又滑了一遍IG和FB，順便幫自己煮了一壺咖啡。

在一切準備就緒時，我突然想到今天的手遊還沒有登入，在鋪防滑墊和玩兩局遊戲上，我幾乎沒太多猶豫就選擇了後者。打完遊戲後，我有點睏了，想著今天還有半天的休息時間，於是選擇了睡個午覺再工作。

當我徹底把防滑墊鋪好時，天都已經黑了。

歸根結柢，就是我選擇清閒的方式，導致耽誤了正事。

有個剛來公司的年輕女孩，讓我印象特別深刻。倒不是因為她做了一段時間就辭職了，而是她對我們說了一些經歷，讓我有些感慨。

她說在聯考的時候，她也不知道自己究竟喜歡什麼，於是聽父母的話去學了法律。大一剛開始，她就發現自己不喜歡這個科系，於是不願認真讀書，成績也一直墊底。中途，她想換到別的系。

她想，只要找到自己喜歡的事，自己就會努力了。

誰知她打聽了一下，發現轉系特別難，不但對成績有要求，還有其他煩瑣的手續，於是她就放棄了。到了大四找工作的時候，她才發現自己很難找到像樣的工作。

她成績一直墊底，律師事務所又都想找有經驗的，她覺得這些人太勢利。她找了一家事務所，工作了半年多，發現自己只能打雜，學不到東西，於是憤然辭職了。

後來，她偶然看到一個編劇的職缺，覺得自己有點希望了。因為她從小到大都很喜歡看電視，所以想去試試，不過也不確定自己能不能做好。她覺得特別迷茫，看不到方向。

後來她去面試編劇。面試官問了她一個問題：「妳覺得妳可以當編劇，那妳做了什麼相關準備？」她當場就傻了，說：「我就是不知道從何做起。」後來面試官說：「那妳知道世界上有Google和Quora嗎？網路上有很多編劇大神專門分享經驗。至少妳應該先去買幾本編劇的書，了解一下入門知識吧？」

不只是她，很多年輕人都有這個毛病。

就拿這個年輕女孩來說，她是真不喜歡自己的領域，還是不喜歡為了喜歡的領域努力呢？我們經常會把不擅長某事，通通稱作「不喜歡」，把挫敗感稱為「厭惡感」。

就像吃不到葡萄的狐狸一樣。我們不是不喜歡這件事，我們只是不喜歡不好的結果罷了。於是，我們就陷入了無盡的惡性循環之中。

我告訴她，企業需要有經驗的員工，這是一件很正常的事。你覺得打雜學不到東西，只是因為妳怕麻煩，所以選擇不學。別說打雜了，就算打掃廁所也能學到東西。

經常把迷茫掛在嘴邊，只是因為自己選擇了輕鬆的路。這類人急於求成，渴望成功，想當老闆，卻又不願意踏踏實實去努力。知道有的人能成功而你卻為什麼不行嗎？因為別人把你浪費在迷茫上的時間拿去努力了。

不要輕易把「迷茫」二字說出口，你嘴裡的迷茫，只是因為選擇了悠閒的生活。

## 王冠落地又如何，重新拾起就是勝利

我有位客戶，他是行業裡很出名的建築商。年輕時，他曾開過一家公司，但打滾多年後，事業不但沒有一絲起色，最後還以破產告終。

在窮困潦倒之際，他漫無目的地在街頭閒逛。路過書報攤，他買了一份報紙隨便翻看。看著看著，突然眼前一亮，報紙上的一段話如電光石火般擊中他的心靈——少拿兩分。

之後，他籌集了五萬元本金，準備再戰商場。這次，他的生意開始一帆風順起來。從雜貨舖到水泥廠，從包工頭到建築商。短短幾年內，他的資產就突破一億元。隨後，他的資產很快又突破十億，創造了一個商業神話。

很多人都對他的祕訣雲裡霧裡，莫名其妙。

他曾跟我解釋說，當年看報紙，其中有一小段話讓他恍然大悟：若有機會能和別人合作，假如你拿七分合理，八分也能夠，那就最好拿六分。這其實並非一個賺錢的方法，卻包含了一個為人處世的原則和道理。

細想一下，如果總是讓別人多賺兩分，每個人都知道和他合作會占便宜，就會有更多的人願意和他合作。雖然他只拿六分，生意卻多了一百個，假如拿八分的話，一百個會變成十個。

雖然這是一個商業小故事，但其實是讓我們學會與人合作時的態度。一味以自我為中心或姿態高傲，將會失去很多寶貴的機會。

如同我們都見過的麥穗一樣，成熟之時，碩果纍纍，卻依舊低著頭。似乎應驗一句俗話：「低頭的是麥子，昂頭的是秕子。」其實有時候巧妙地低頭是一種大智若愚的謙卑，也是一種獲得成就的修養。

並不是低下頭王冠就會掉，就算掉了，我們還可以選擇高傲地再撿起來。

其實，生活中和商場上都是如此。我們只有選擇低頭，未來才會出頭。是金子總會發光，但如果金子選擇炫耀，也會被雪藏起來。人只有耐得住寂寞，才能守得住繁華。

然而，人也是固執的，所以要做到低頭很難。即便如此，我們還是要選擇低頭。低頭是一種姿態，而非恥辱。如果不懂得在現實面前適時地低頭，人生也就不會有太大的成就。懂得適時地低頭，是一種巧妙的智慧，沉穩的成熟。

人生也如此，至剛則易折，至柔則無損，上善若水，是最好的選擇。便利萬物，而又能高能低，能屈能伸，方能順利長遠。

選擇低頭，就是適時地選擇「識時務者為俊傑」。選擇低頭是一種成熟的表現，也是一種不追求一成不變的態度。我們在生活中，如果一味選擇昂著頭生活，就會給人一種趾高氣揚、不可一世的感覺，這讓人敬而遠之。久而久之，就會被視作目中無人，會不被認可，或遭人排擠。

就像我那位建築商客戶一樣，要適時地選擇低下頭。低頭不只是一個動作，也是一種智慧，是一種豁達的胸懷，是忍的境界；適時地低頭，不是委曲求全的懦弱，而是「留得青山在，不怕沒柴燒」的深謀遠慮。

有的時候，低頭才能看見自己的幸福，才能看見自己的不足。仰望出來的幸福不是幸福，低頭看看，身邊最普通的生活才充滿了真實的幸福。如果總是昂著頭，不會看見自己的缺點，適時地低頭想想，反省一下自己，發現不足，才能完善自己。

有的人，不屑於低頭，直來直去，硬撐強做，一直奉行「寧為玉碎不為瓦全」的精神，到最後傷害了別人的同時也傷害了自己；有的人，把低頭看作是恥辱和退縮，總覺得剛、猛、直才是英雄所為，才是硬漢子的做法，做事橫衝直撞，鋒芒畢露，卻不知，即使是最硬的弓，拉得太滿也會折斷，更不知道，即使是最美的月亮，也有陰晴圓缺的自然之道。

適時地選擇低頭，需要我們的人生有彈性和韌性。選擇避讓是為了讓我們更堅定地昂首前進。

人生在世，不可能凡事都能稱心如意，天有不測風雲，月有陰晴圓缺，自己也難免會有失意的時候。誰能保證自己一輩子不會求人辦事呢？屈一下身體，彎一下腰，低一下頭，這並不是恥辱，反而是謙遜。「死要面子活受罪」，才是最愚蠢的選擇。

選擇低頭，我們在走路的時候才能看清腳下的路，才能看到路邊的野花，才能忍辱負重。俗話說，「低頭便見水中天」，這是一種風度和修養。

選擇低頭，也要選擇不低頭。在金錢、命運、權力、邪惡、困難和人格面前，我們是絕對不能屈服的。絕對不能向命運低頭，否則，自己將深陷其中，成為生活的奴隸。

人生路途，荊棘遍布。若信奉一句話叫「虛心竹有低頭葉，傲骨梅無仰面花」，也許我們的人生會走得更順利、更長遠，我們的人生也會擁有寬容大度的成熟和智慧。

人在谷底、簷下時，在無力回天時，不妨低低頭，也許，低頭就有一絲光亮，低頭就為自己打開了另一扇窗，生命裡就會多一份韌性、一份張力和一份成熟。懂得低頭處事，昂首做人，才是生存的王道。

當有人再告訴你「別低頭，王冠會掉」的時候，你不妨高傲地告訴他：「低頭又怎麼樣？我可以選擇再把王冠撿起來。」

## 「不公平」的世界，藏著真正的平衡

茶茶是從小跟我一起長大的女生。

命運之神沒有遺忘她，而是分外折磨她。小時候，她五官如同洋娃娃般精緻，誰見了都想多看一眼。但好景不長，一場車禍毀掉了她的身體。那之後，茶茶便成為走路吃飯這樣的小事都要家人操心的人了。

十六歲那年，我和茶茶上高一。正好我們新換了一位老師，新老師在課堂上提了一個非常簡單的問題，茶茶知道答案，於是興高采烈地舉起手。新老師讓茶茶回答問題，結果她發音不清，新老師聽得一臉疑惑，於是揮了揮手讓她坐下。茶茶說話時，嘰嘰咕咕的發音惹得全班同學哄堂大笑。從此，她再也不敢舉手回答問題。

十八歲那年，我們一起上了高三。一天課間，她走出教室想呼吸一下新鮮空氣。一個低年級的學生看她一瘸一拐地走路，便開始嘲笑她，說她是瘸子、殘廢，並且動手推了她一下。不巧，一個外班老師恰巧從旁邊經過，看見她們正在爭執。

低年級的學生靈機一動，喊了一聲「老師救命」，老師看了看茶茶扭曲的臉龐，也沒問緣由就大聲對她吼道：「妳知道嗎？妳本來是分在別班的，班導看你是身心障礙者就沒要妳，妳的班導同情妳，勉強把妳收下了，如果妳以後再敢這麼做，這書就不用讀了！」

茶茶的臉更加蒼白扭曲，她只反覆道：「這不公平……」

從那天遇到那個外班老師後，茶茶每次走進校園，臉上都寫滿了恐懼，就像一個人走進神出鬼沒的森林一般。她說與其這樣，她寧願放棄讀書。之後，我便再也沒再見過茶茶了。

開始工作後，我偶然在公司前的某個咖啡館裡看到拿著筆電在工作的茶茶。如果不是她喊住了我，我肯定認不出她。她的臉似乎沒有那麼扭曲了，因為滿臉的自信和驕傲，反而柔和了她的臉龐。

她笑著對我說，其實她走了之後，就開始後悔了，後悔自己當初為什麼就那樣輕易地要放棄讀書？後悔自己為什麼要輕易地毀掉自己的美好前途，後悔自己為什麼總是逃避生活，後悔自己為什麼要放棄上學獨自離開。

她說，天下的老師，有哪個不愛自己的學生呢？又有誰不想讓自己的學生成才呢？正是想要她成才，那個老師才會用「歧視」的辦法對待她吧。

茶茶說，她知道這並不是簡單的歧視，而是一種智慧的鼓勵，可以激勵她乘風破浪、勇往直前。她準備輕易放棄時，想到了每天拚命工作的爸爸，想到了每天辛苦照顧自己的媽媽，就在那一刻，她選擇為自己的家人好好承擔起自己的責任。

茶茶說，她的手指很靈活，她的思維也很活躍。現在，茶茶在一家編輯部工作，憑藉獨特的視角以及優秀的文筆，茶茶比大部分正常人都更優秀。正是有了這些「不公平」事情的磨練，她的生活才更加精采。人生也逐漸變得公平了。

跟茶茶閒聊之後，我總在工作之餘發呆：

如果茶茶跟我一樣是正常人，誰也不會去欺負她；如果她是正常人，她結交的朋友說不定比我還要多；如果她是正常人，她一定也能在運動會上展示她的颯爽英姿，為我們班揚眉吐氣；如果她是正常人，也許能跟我一起考一個我們理想的大學，將來找個滿意的工作；如果……

在那一刻，我真的理解到茶茶這些年的經歷和選擇，也明白原來我看似乎凡的生活，其實這麼美好。在這種情況下，讓我怎麼能選擇放棄？

正是那些所謂「不公平」的機會，才教會了我們成長。如此看來，其實「不公平」，才最「公平」。

當你陷入不公平的泥沼中，不妨選擇坦然接受，世間大路千萬條，總有一條能通向你渴望的地方。選擇接受所有的「不公平」，當然不是卑躬屈膝，也不是委曲求全，它是對「不公平」的一種不屑，也是對自己良好心態的一種歷練。

正是這種「不公平」，才能激勵我們做得更好，它會激勵我們更加努力工作去爭取升職，激勵我們好好做人，勇敢面對突如其來的陷害，為自己洗清罪名，留住我們身邊所愛的人。它成為我們人生中前進的動力。

退一步海闊天空，如果你選擇走出那個「不公平」的牛角尖，就會看到「柳暗花明又一村」的美景。隱忍和沉默何嘗不是一種生存之道呢？

就像茶茶，她認為，人活著就是一種幸福，人健康就是一種快樂，「不公平」和生命和健康比起來，又是多麼微不足道啊！

其實，每個人生來都注定在人生道路上經歷一些對我們自己來說「不公平」的事情，正是這些「不公平」的事情讓我們認清自己，看清現實，讓我們為自己遭受的「不公平」打抱不平，變得更加強大。「不公平」使我們向上成長。

當你痛苦時，不妨選擇做一塊海綿，吸收盡生活賦予我們的所有對與錯，所有的「公平」與「不公平」。時間久了，自然而然就會明白對於我們而言，「不公平」才最「公平」。

## 撞上南牆又何妨，人生總能重新出發

俗話說，不聽老人言，吃虧在眼前。但又有一句話，我覺得更適合打拚路上的年輕人，那就是：撞下南牆又何妨！

有一顆執著的心，其實沒有什麼不好。儘管有失敗，但也有得來不易的成功。只要是我想做的事情，我就不會後悔，不管結果如何，我也要去完成。

最近，我在網路上看到許多人都在晒自己玩滑板的影片。這讓我大感羨慕，於是我決定去學滑板。身邊人一直在勸我，說別學了滑板很危險，萬一把手臂跌壞了怎麼辦？

可是我從小到大就沒有叛逆過，這一次，我就想「執迷不悟」一把，想嘗試著撞下南牆。

在一次又一次的失敗後，我終於學會了溜滑板，獨自暗爽了好久。雖然遍體鱗傷，但我心想，不管怎樣，我是成功了。

最後的贏家是我，選擇撞下南牆，讓我收穫了兩份成功：一份是學會了滑板，一份是勇敢堅持的心。其實，在南牆那邊，有很多風景格外美麗。

Michael Jordan 曾經說：「我從來不關心輸掉一場大賽會有什麼後果，因為顧及後果的時候，總會讓人想起消極悲觀的一面。有人在失敗的恐懼前會止步不前。」

要成就一番事業，就要不避艱險，孜孜以求。任何畏懼都是虛幻的，看起來荊棘叢叢，實際上都是紙老虎。即使結果未能盡如人意，我也不會思前想後。失敗只不過讓我下次加倍努力罷了。

樂觀正向地思考，從失敗中尋找動力。有時候，失敗恰恰使你向成功邁進了一步。世界上的偉大發明都是經歷過成百上千的挫折之後才獲得成功的。

喬丹說：「我認為畏懼有時是因為缺乏專注。如果我站在罰球線前，腦中想著有一千萬觀眾在注視著我，我可能會手足無措。所以我努力設想自己是在一個熟悉的地方，想著自己以前每次罰球都未曾失手，這次也會發揮我訓練有素的技術，不必擔心結果如何，我知道我自己不會失手。於是放鬆、投籃、一切成定局。」

正是對平時訓練和正式比賽一視同仁，他才能在比賽中拿到好成績。如果喬丹選擇在訓練中馬馬虎虎、糊弄了事，那他在正式比賽中肯定不會有好結果。有很多人臨陣磨槍，說得到做不到，這就是他們失敗的原因。

要知道，通往成功是條崎嶇之路，困難和艱險對誰都是平等和不留情面的。然而你不必因此躊躇不前。前面要是有堵牆，不要折回頭放棄努力，想辦法爬過去，超越它，即使撞到也不要回頭！

在生活中，我們為了得到自己想要的東西，必須忍受各式各樣的痛苦。而且，你還需要找個理由繼續堅持下去。如果你找到了這個堅持下去的理由，就開始行動起來，不要懶惰，不要尋找藉口。

如果你想要成為了不起的人，你必須習慣恐懼和失敗，讓它們成為你的好朋友。只有它們才能夠推動生活的指標，讓你不斷前行。為自己付出努力的人生，那才是完整的人生。那些看上去光鮮的榮譽背後，隱藏著無數的艱辛和淚水。

芭蕾舞者傷痕累累的腳，拳擊運動員被打得血肉模糊的臉，極限運動員們經歷了無數次跌倒後選擇重新站起來……看了他們的經歷，你還有選擇放棄的心嗎？選擇了這條路，就要不撞南牆不回頭。

有時候，你認為自己已經跌到了谷底，其實你還可以跌得更深。而正是跌得更深，才能讓你變得了不起。如果我們喜歡一件事，那麼就堅持到底吧。如果我們沒有被擊垮，來自世界的惡意和打擊就只會讓我們變得更強大。

人，在某些時刻，是要選擇九頭牛也拉不回的倔強。

很多年輕人都信誓旦旦地要考上好大學，信誓旦旦地把 LINE 大頭貼換成自己夢想大學的校徽，暑假時，還會跑到大學校園裡蹓躂一圈。

高中生對理想是最近乎狂熱的，但這種狂熱的心究竟能持續多久呢？要知道，大學不是你換個大頭貼、逛一圈校園就能去的。

如果你選擇奮鬥兩天就開始喪失鬥志，那你就過不到自己想過的生活。

就比如想上明星大學的學生，心想別人都已經奮鬥了兩年，我從高三才選擇好好讀書，來得及嗎？就這樣，一直到聯考的日子來臨，他們才懊悔原來時間過得如此之快。

時間永遠都不會來不及，無論從什麼時候開始，只要我們選擇義無反顧地倔強一次，就一定會收穫些什麼。自信和堅持，一直都要有，沒了信心和堅持，也就沒了鬥志。

我在讀高三時，一直沒有「撞南牆」的力量，直到現在還覺得，那時候的自己真的是不夠努力。當時，自己沒有選擇拚盡全力讀書，如果當時再努力一點，說不定會比現在好很多。當然，這些都已經過去了，我不會後悔。

因為我從這一刻開始，選擇不撞南牆不回頭，選擇拚一把就能達到的遠方，選擇過一種有挑戰的生活。

每個人都可以倔強，走過之後才發現，那不過是一公尺遠的天堂。撞了南牆又怎麼了，就算撞到了我也不回頭，頭破血流也要踏平它。

# Part 5 學會與自己和解，也不被生活為難

## 變成灑脫的「自私鬼」，活出真我

朋友思思的父母已經離婚多年，卻至今都未分居。

思思說，從她有記憶的那天起，她的父母就每天爭吵個不休，甚至當著她的面摔東西。雖然她的父母早已離婚多年，但是在街坊鄰居眼中，他們還是一對模範「夫妻」，每天他們依舊一起上樓下樓，熱情地跟鄰居們打招呼。

至於她父母多年都不曾分居的原因很簡單，就是為了思思考慮，怕街坊鄰居知道他們離婚的事情，會在思思背後指指點點說閒話。

在思思看來，這是個很荒謬的藉口。既然兩個人已經決定離婚了，那麼為什麼各自不

能對自己的行為負責任呢？離婚這個結果是雙方共同決定的，既然決定了，就應該承擔一切後果。

兩個不敢為自己行為負責的人，能為思思帶來什麼呢？與其說是為了思思好，倒不如說他們其實是為了自己，他們不想讓周圍的人知道他們感情破裂，他們不想遭受鄰居們的議論紛紛和指指點點。他們這麼做，只是拿思思當擋箭牌罷了。

思思說：「我覺得他們這樣做，倒不如索性承認，其實是他們自己忍受不了離婚為他們帶來的『流言蜚語』。」

我點點頭。確實，有的時候選擇「自私」，其實並不是一件罪大惡極的事。人生來就是「自私」的。要知道，「自私」並不是人的劣根性，而是一種自我保護的本能。

女媧用泥土「製造」出了人類，其實她當時只是為了不讓自己那麼寂寞；耶和華提供舒適美麗的伊甸園給亞當，其實只是想找一個人為他看守智慧樹；黃帝和蚩尤昏天暗地地打了一架，只是為了奪得部落首領的頭銜。

就像有的人願意燃燒自己，照亮世界一樣，有的人只願意燭照一方天地；有的人願意犧牲自己，留香人間，而有的人只願意送人玫瑰手留餘香；有人願意化作泥土，養護生命，但有的人只願意永保青春。

「自私」是人類的本性，我們不可逆轉。與其像思思父母那樣躲躲藏藏，倒不如勇敢地選擇面對心中的那份「自私」。正視它、承認它，並把它勇敢地呈現在眾人面前。

像思思父母那般，嘴上說是為思思的名聲好，但是這種「好」的背後並不單純。如果他們選擇坦坦蕩蕩地把自己心底的那份「自私」說出來，就能讓事情簡單很多。

每個人都要對自己的行為和所作的決定負責，不管是好的結果還是壞的結果，都要勇敢地去接受，遵照自己內心的真實想法去做，不要掩飾，不要躲藏。與其逃避，不如大大方方地做一個灑脫的「自私鬼」。

昨晚，好友墨墨傳訊息給我說：「為什麼我男友一跟我提及他之前與前任發生的事情，我就特別想克制自己對他的愛，感覺不想再去愛他了？」

我說：「也許，妳是覺得妳男友的初戀不是妳，妳不甘心他的前女友占據了他的整個過去，所以妳不甘而又無能為力地想要放棄他。」

墨墨告訴我：「我有的時候真想他們永遠在一起算了，反正我覺得我愛他很不值得。」

她問我：「我這樣地愛一個人是不是顯得很自私？」

我說：「當然不，愛一個人本來就是『自私』的，哪怕在別人面前我們的胸懷很寬廣，但唯獨對於我們自己愛的人不行。」

在生活中，我們的愛能被別人接受是一件很值得讓人慶幸的事情。「自私」是愛情的本質。對墨墨來說，她承認她愛他，是因為她想去愛，他值得她愛，愛能讓墨墨感到快樂，並且能享受這份愛帶來的喜悅。那麼，這份「自私的愛」就是有意義的。

沒有愛，生命會太枯燥、太生硬、太沒有彈性。這種「自私的愛」在我們的生命中是難能可貴的，因為它是我們對於愛最本能的詮釋。

我們要直視自己內心的真實情感，勇敢地去面對它們。想想我們自己的人生，是極其短暫的。親情、愛情、友情，這些感情對我們來說都是寶貴的，在它們面前，我們為什麼不能去坦然面對自己內心的那份「自私」呢？

難道一定要等到我們逐漸老去的那一刻，才去懷念自己的初戀，後悔當初沒有好好「自私」地去愛過一個人嗎？

「自私」的愛情是一種信仰。面對愛情，我們不能總是逃避，有愛就要大大方方說出來。未來的路真的很長，未來的路相輔相成，我們一起坦然面對，一起去努力，相濡以沫地走下去，不讓愛情留下遺憾。

有些人說：這個社會究竟怎麼了，倡導自私的被追捧，而倡導無私的卻要被罵。

對於這個問題，你要先弄懂什麼叫「私」，然後再來探討「自私」和「無私」的問題。「私」就是指個人的事物，而自己擁有的東西就是「私」，包括金錢、物質、身體和精神。

從上面來看「私」是一種很個人的存在，「自私」並不是什麼壞事。就讓我們選擇做一個灑脫的「自私鬼」吧，這樣才能不負人生。

## 鏡中之影，是否映出了人生盡頭？

年初，我帶著重要文件去南部見一個客戶。因為當時車子還沒保養好，火車票又買不到，只能選擇坐客運前往。出門時，我憋了一肚子火，這種不開心的情緒，直到上車還沒有散去。

那天，正好趕上元旦放假，坐車旅遊的人特別多，每個人都帶著大大小小的包，車門一開，大家都「一窩蜂」地往車上跑。我放文件資料的包竟然被人把包帶扯斷了。我拿著慘不忍睹的包，找到了自己的座位，沒想到前面的人竟然把她的行李全都放在我的座位上。

我忍著氣，耐心地拍了拍她的肩膀，請她把自己的東西拿走，誰知道她卻翻了個白眼，完全不理會我。我當時氣就不打一處來，與她發生了爭吵。

這是我生平第一次跟人吵架。最後，雖然她還是把自己的行李拿走了，但我至今都還記得當時發火的場景。

那天路上很順暢，車也開得很快，兩旁的樹木和高樓飛快地後退，伴隨著朝陽。沿途的風景確實很美，但那次我確實沒什麼興致去欣賞。因為選擇發火，所以我看什麼都覺得有氣，但是不知道為什麼，這種憤怒的情緒，在我們到達目的地後，隨著車上擁擠的人流和所有人寫在臉上的疲憊，突然就煙消雲散了。

當我下車的那一瞬間，我心裡不禁感慨：車上的人們來自各個地區，或許都是為了生活而在這座城市中奔波，假如之前我再耐心一些，請前座的人把他們的行李挪一下，他們或許就答應了，我們也不會因為這點小事大吵起來。

曾經聽朋友跟我說過這樣一個謎語：你對它笑，它就對你笑；你對它哭，它就對你哭。我想很多人一定知道答案是鏡子，可是我覺得正確答案應該是人生。

就像當時我在車上，如果能控制住憤怒，心平氣和地與人溝通，就不會引發後面的爭吵。有些事情如果我們換一個角度去對待，換一個心態去面對，也許就會得到不一樣的結果。

當我們選擇用微笑面對人生的時候，就像我們到達了一個從來沒去過的地方，那裡的一切對於我們來說都是陌生的。我們在陌生的環境中徬徨、迷茫、畏懼，甚至手足無措，我們會經歷很多意想不到的事情。但是反過來想想，其實這就是生活，這就是人生。

我們的一生不可能所有的事情都一帆風順，經歷過磨難和考驗的人生才會更加值得珍惜。我們要慢慢去適應新的環境，去努力、去學習、去成長。遇到挫折的時候用笑容去對待。其實這世上真的是無難事的，最重要的是看我們用怎樣的心態去面對。笑對人生，一切困難都會迎刃而解。

當我們選擇用消極的一面對待人生的時候，麻煩的事情就會擺在我們面前，我們瞬時慌亂無措，我們會難過，或許會選擇哭泣，選擇憤怒。可是哭過之後呢？憤怒之後呢？不過是徒勞的。僅僅是在情緒上發洩了，圖個一時的痛快。但是卻沒能找到事情本身解決的辦法。哭對人生，則是對生活的逃避。

人生是一面鏡子，承載著我們的喜怒哀樂。我們在鏡子裡面兜兜轉轉，即使到了盡頭，也要尋找最好的自己。

我聽到過這樣一個故事：泰國有一位叫施利華的商人，他是商界擁有億萬資產的風雲人物。但是一次難以預料的金融危機使他接近破產，面對生意場上的失敗，他仍然笑著說：「好哇！又可以從頭再來了！」

生活也應該如此，失敗和挫折會有很多，我們始終要用微笑去面對我們所經歷過的每一次失敗，就算在挫折中摔得面目全非，也要笑著站起來。

我們每天在這個多姿多彩的城市中生活，經歷過快樂，也有過悲傷，有過成功，也有過一次次的失敗。失敗讓我們體會到了人生中的酸甜苦辣，成功使我們重新找到了讓自己繼續前進的信心。

在我們人生的旅程中，微笑是最真實的語言，失敗的時候給自己一個微笑，讓自己更深入地了解自己，在這次的失敗中發現自己的不足，避免再一次走上岔路。這樣，似乎每一次失敗在生活中都發揮了重要的角色，現在面對的失敗越多，以後人生中所遭遇到的失敗就會越少。

最後我們走上的一定是一條已經經歷過風霜磨練，平坦無阻的寬闊大道。

人生如鏡，鏡如人生。

鏡子裡面記錄著我們的快樂與悲傷，成功與失敗，它承載著我們的人生。我們沿著人生的道路一直走，走到盡頭，回首望去，生活中的酸甜苦辣和風風雨雨都呈現在眼前。這時，我們可以很自豪地向生活露出從容的微笑了。

你選擇哭著面對人生，人生就會讓你哭得更慘；你選擇笑著面對人生，人生就會對你笑靨如花。一切，都只在你的選擇罷了。

## 確認這裡是否真的屬於你？

前一段時間，同學小羅打電話給我，跟我說她想換一份工作。我聽了之後非常驚訝，有些不理解：這麼好的工作，她為什麼說換就換呢？

小羅之前在公家機關的工作一直都很穩定，薪資也非常高。對一般人來說，這樣的工作是打著燈籠都難找的，為什麼就這樣放棄了呢？

聽我這樣問她，她也感到很驚訝，她說她身邊的人得知她要辭職之後都對她的做法感到質疑，甚至沒有一個人支持她。我想原因很簡單，大家想的應該都一樣：比別人薪水高好幾倍的工作為什麼不願意做。

大家說，她這叫身在福中不知福。不過她仍然不顧任何人的勸阻，毅然辭職，去做她想做的導遊。幾年過後，她自己開了一家旅行社，事業做得風生水起。

上週凌晨，她撥通電話興奮地問我：「妳猜我在哪裡？」我睡眼惺忪地答：「國外？」她激動地說：「Yes！我在美國！我帶團到了我一直想去的華爾街！」她去了華爾街，這是好多年前我們一起看旅遊節目的時候，她說她夢想著要去的地方。她說當時別人對她的勸告並沒有什麼錯，之前的工作很好，但是那不是她想要的生活。

她選擇跟自己的心走一回，因為當導遊環遊世界是她的夢想，她選擇了自己一直想做的事，因為她不想錯過了之後讓自己後悔。

我們在成長的過程中，得到了太多人的建議。這些建議大部分都來自於我們的父母。

他們在我們很小的時候，就告訴我們哪些事情是能去做的，哪些事情是我們不能去做的。他們習慣了為我們安排日常生活，也習慣了為我們規劃應該去讀的學校。

他們總是對我們說：「我們就是這麼過來的，聽我們的對你沒有壞處。」

只是聽他們的，真的是我們想要的生活嗎？

或許大多數的事情聽父母的是沒有錯，可是這並不是唯一的選擇。我們每個人都有自己心中的夢想和目標，對於未來，也有自己的方向。我們所在的城市每天都在不斷地發生變化，任何的計畫都有可能被這些變化打亂。

所以，不管周圍人怎麼勸阻，我們自己的心中應該始終有一件內心真正想要去做的事情，當我們有足夠的資本去實現夢想的時候，就大膽地放手吧，去尋找我們自己真正想要過的生活。

朋友小乙，在大學畢業之後不顧父母的反對堅持要去外地打拚。初來乍到還只是個小文員，幾年過後，他就當上了公司的高階主管，身價一下子翻了好幾倍。

有時候，正是因為我們心中最初的那一份堅持，才換來了我們夢想的圓滿。如果我們當初聽了周圍人的勸阻，選擇放下那份執著，那麼就不會有後來的事情了。趁著我們還年輕，想要做的事情就勇敢地去嘗試，不去嘗試又怎能知道結果呢？

我們總在想，自己想選擇的究竟是什麼。或許我們現在擁有一份父母希望我們去做的工作，收入豐厚。只是我們每天做著自己並不喜歡的事情真的快樂嗎？

或許我們沒有安穩的工作和高額的收入，我們早上六點鐘在某個城市的出租房的被窩裡爬起來，然後盥洗乾淨，六點半出了門，到街邊的小攤喝豆漿吃油條，急急忙忙地擠上了七點那輛開往公司的車，想著今天沒有遲到能在八點前打上卡了，然後走進大門逐個跟公司的同事打招呼。

我們每天這樣為了生活奔波勞碌，但是我們過得快樂，或許在旁人看來這樣的生活平庸無奇，但這就是我們想要過的充盈的生活。

這個世界上沒有一成不變的生活法則。我們每個人都有權利積極地去爭取實現夢想的機會，過自己想要的生活。

所以，我們沒有必要去在乎別人的說法，沒有必要活在別人為我們設定好的圈子裡，要大膽地衝破一切阻礙。我們要證明給別人看，別人給我們的規劃也許並不適合我們自己，只有我們自己爭取到的生活才是最適合我們的。

所以，不要照著別人給我們的導航去走屬於我們自己腳下的路。努力爭取自己想要的生活，按照我們想要的方式走我們的路，努力實現自己的夢想。然後堅定地對旁人說：「這就是我想要的生活。」

我們在自己選擇的道路上依舊能過得風生水起。即便當初違心地選擇了不喜歡的路，即便我們覺得時光晚矣。但還是要對生活說一句：我要改變。

當你覺得這裡沒有你想要的生活，不妨聽聽自己的本心，選擇一條讓自己快樂的路，這才是真正有意義的事。當全世界都質疑你的選擇時，你要大聲告訴他們：我確定，這裡有我想要的生活。

## 為什麼你還選擇留在這裡？

昨天傍晚，我和布布坐在咖啡廳聊天，工作上的壓力讓我有些疲憊，但布布卻始終精神煥發。她是我的大學同學。大學畢業後，她就選擇留在了城市。

我略帶疲倦地問她：「城市生活節奏這麼快，妳為什麼選擇留在這裡？」

布布毫不遲疑地說：「因為這座繁華都市，讓我找到了我對生活的熱情。」

在這個給予布布熱情的城市裡，每天都有人帶著憧憬和嚮往興奮而來，也有人滿懷無奈和傷痛黯然離去。當然，更多的人像布布一樣，依然在這個城市裡奮鬥與堅守，或是麻木不仁，或是循規蹈矩，抑或是像打了雞血一樣地滿懷熱情。

無論在他們背後掩藏的是什麼樣的心態，總歸他們都在這個繁華都市的角落裡演繹著屬於他們自己的人生故事。

我相信，只要我們還選擇在這個城市裡繼續生活下去，不管是你，是我，還是布布，總會有人時不時地問你一句：「哎，你為什麼在這裡生活？」

這時，你會怎麼回答？是如同布布一樣，篤定地說出心底的答案，抑或是突然意興闌珊地自我詢問思量。

不管處於哪一種狀態，我相信，你總有一天總會找到答案。

如果布布小姐當初不曾來到這裡，那她的生活將如何繼續呢？或許，她會做一份外表光鮮，實則無趣的公家機關工作；或者她會直接嫁為人婦，相夫教子；或許她會在她的家鄉開一家小店，過著平凡悠閒的日子。

或許有人會覺得選擇穩定沒什麼不好，但安逸總是讓人難以抗拒。就像是嚴冬裡週末早上的熱被窩，想一直在裡面舒舒服服沉淪下去。但是，被窩睡久了，就會覺得生活太無趣，也會開始發懶。

或許安穩的生活對於我們來說才是最安全的，但是只有安穩真的能讓我們快樂嗎？我們已然習慣於生活在最安全的地帶，被父母、老師以及書本的湯匙餵大，我們習慣了只要有問題就去詢問他們：「那些高原、深山及高樓的背後有什麼？」

我們就是這樣總是滿足於他人對我們的描述，永遠活在別人的言語之中，似乎喪失了自己探究的本能。我們不再對外界的事物感到新鮮，心中沒有什麼東西是原本的、清新的和清澈的。逐漸地，失去了對生活的熱情。

遵循自己的想法，衝出別人為我們劃定的安全地帶，放棄一切去我們想去的任何地方重新開始，給自己一個機會，也給生活一個機會，是目前為止對於我們來說最勇敢的事情。或許剛開始的時候我們會膽怯，會退縮，但是很多路只有走過了，才會發現並沒有那麼難。蔡康永說：「十五歲時覺得游泳難，放棄游泳，到十八歲時遇到一個你喜歡的人約你去游泳，你只好說『我不會』。十八歲時覺得英文難，放棄英文，二十八歲時出現了一個很棒但要會英文的工作，你只好說『我不會』。人生的前期，如果越嫌麻煩，越懶得學，後來就越可能錯過讓你動心的人和事，錯過風景。」

就像我之前說的，我曾經很想當一名畫家，但成為畫家的路太難走。或許有些事情我們覺得太難就喪失了最初的熱情，其實選擇試一試又何妨呢？

高山如果總不去攀登，那就永遠只能是一座山，我們只能遠遠仰望，如若我們親自征服過，便成為你腳下的一方塵土。很多時候，生活就是這樣，你給它機會，它才能給你風景。

我們總是會遇到一種對生活失去熱情的狀態，對什麼東西都得過且過，沒有追求，覺得空虛。這一切可能只是由於我們長期處於「安全地帶」，沉溺於寒冬早上的熱被窩，被我們內心的畏懼所牽絆。

我們要做的就是去嘗試一些新的選擇，去走一條看不見結局的路，去不斷地學著給生活機會，去尋找我們在一座城市中留下來的理由。

現實告訴我，一條路走不通，可以換條路繼續走，人生就是這樣。雖然我最終沒能成為畫家，但是正是因為畫家的路斷了，我才能走上現在的路。這條路讓我擁有了我想要的樣子，生活富足，父母驕傲，難道這不是另一種成功嗎？

走另外一條路，我依舊可以在這座紙醉金迷的都市中過著我想要的生活。這座城市讓我走上了不一樣的人生道路，這樣還會離開嗎？人生苦短，要為自己去探索！要為自己的生活尋求另一個出口，為自己的人生製造出另一條風景線，努力去尋找我們留下的理由。我一直堅信，在這個世界上的某個角落，一定有另一個自己，在做著我沒做過的事，在過著我想過的生活。其實，我們每個人就是另一個自己，只要我們願意，就沒有我們做不成的事情。

每個人都有一個選擇留在這裡生活的理由，只要我們給自己的生活一次機會，生活一定會給我們不一樣的風景。這座繁華都市，是我們夢想開始的地方。

## 鄉愁，是未讀的記憶訊息

欒欒是我大學同科系的學姐。整個大學期間，她都很照顧我。她畢業的時候，直接考取了國外一家學校，準備拿雙學位。

前不久，我們在網路上閒聊，我問她什麼時候回家，她說「家」這個字彷彿好久都沒有提過了，她也好久沒有感受過家的感覺了。

雖然那次我們的交談並不是很長，但是字裡行間都散發她對家的想念。

就在上週，出國留學的欒欒突然從美國回來了，因為她太想念家鄉了，所以很想回來看看。

她說沒出國留學之前，還在家鄉的時候她不懂得珍惜自己擁有的一切，當她離開家鄉隻身前往一個陌生的國度的時候，她才體會到那時在家的快樂時光是多麼寶貴，可是出國之後這樣的時光已經不復存在了。

欒欒二十四歲生日是在國外度過的。當她吹滅蠟燭的那一刻，抬頭看見的並不是親人熟悉的面孔，而是那些跟她並不是很熟絡的室友在靜靜地注視著她。當她許完願望睜開眼睛的時候，卻看不到整日陪伴著她的朋友，她說那不是家的感覺。生日之後，她猛然間意識到自己是多麼想念家鄉的一切。

我想，這就是欒欒的選擇吧。一個人遠離家鄉外出求學，生活不會像之前那樣清閒，也沒有那麼自由。她每天能做的就是去為夢想而打拚。只有閒暇之際才能回想在家鄉的美好生活，但是這樣的時間對她來說太少了，不久就會被課業壓得喘不過氣。坐在窗邊張望，卻沒有之前總在她身邊叨念的親人。

我想當時的欒欒對家的想念早已在她的心中生根發芽了。時間飛逝，我們不知有多少的光陰都在追尋夢想的道路上消失，留下的只有我們的淚水和對家鄉的思念。

閉上眼睛，靜靜冥想，回憶家鄉，回憶一份久違了的溫暖和美好，似乎有種強大的力量在不斷地給予我們奮鬥下去的精力和希望。無論我們在哪裡，無論我們在外過得多麼風生水起，我們的心是永遠屬於家鄉的。家鄉在哪裡我們的根就在哪裡，即使我們不盡如人意窮困潦倒，我們是家鄉的人，家鄉也會包容我們的一切，因為我們是她的孩子。在繁華落盡之後，我們都想回到家的懷抱。

家不是點綴，不是生活的附屬品，我們一點一滴的苦樂，都能在家中得以釋放。家是一個甜美的地方，家是一種鄉愁。

像欒欒這樣為了追尋夢想選擇背井離鄉的人有很多，鄉愁始終伴隨著他們。

鄉愁是一杯濃濃的酒，鄉愁是黑夜中的一輪明月，鄉愁是那根在我們靈魂深處流動的血管，鄉愁是雕刻在我們記憶中的古老童話，鄉愁是人一輩子也走不出去的精神的家。

鄉愁就像被遺忘的一條未讀訊息，當我們打開它的時候，內心有著五味雜陳說不出的苦楚。鄉愁更是我們心中的一份執念。這份執念使得我們對待生活、對待家，來不得半點將就。

其實我是一個特別懷舊的人，剛上學的時候不捨得把娃娃送人，大學的時候不捨得把中學的一些小玩意和文具書本扔掉，工作後搬了新房，老房子裡的那些東西也不捨得丟掉。

同樣，我手機上也是如此，不會輕易刪除相簿裡的照片，有些學生時期的照片還一直在我的手機裡珍藏著。除非儲存空間實在不夠了，才會適當地刪一些。空閒的時候總會安靜地坐在房間裡翻看，懷念著學生時期的無憂無慮。只是可惜一切已經回不去了。

都說學生時代是人生中最美好的一段時光，那時的校園就像我們的家一樣溫暖，處處都洋溢著純真可愛的笑臉，可是現在這些記憶彷彿在我們的腦海中逐漸開始模糊了，那時候那種「家」的感覺也不是很清晰了，反而離我們越來越遠。

我想雖然遠處是我們再也回不去的「家」，但是那種少年時青澀的感覺早就已經深深地烙在我們心裡了。

我想即使我們再回去，還是原來的一切，那種心境，也跟之前不會一樣了。

所以這些回憶存在我們的記憶中就足以了。把對「家」的那份回憶與鄉愁埋在我們心底，然後好好把握住我們眼下的生活。只有這樣，我們才可以感覺到更多美好的事物，更好地去欣賞這座城市，更幸福地生活。

其實鄉愁無處不在，它可能是我們兒時承載著童年回憶的布娃娃，也可能是學生時期陪我們經歷過無數場考試的一支鋼筆，它可能是我們心中嚮往的地方，又或是一條我們至今都沒看的未讀訊息。

不管它以怎樣的形式存在，鄉愁這份情是永遠不會被遺忘的。選擇自由與繁華，家就是你要承擔的思念。

## 朋友，是帶來美好的生命伴侶

我的好友苗苗，在跟我一起備戰聯考的時候，一起在學校附近租了一間房子。那段時光裡，我們一起上下學，一起吃飯，一起去上補習班，一起複習功課。有快樂共同分享，有苦惱共同面對。

當然，我們也曾經任性地為一件小事吵得臉紅脖子粗，也曾經相互發誓「再也不理對方了」。然而，過不了幾個小時我們絕對就會嬉笑著把分開的東西重新放到一起。我與苗苗的那段美好的學生時光在腦海中留下深深的烙印，它將印證我們一輩子的友誼。

記得有一次，我們兩個跟隨她父親出差。一路上，我倆貪吃貪玩，因此我們總和她父親走散。我們兩個總是自作主張去品嘗各種當地的特色小吃；轉眼的工夫我們會鑽到一處名勝風景下擺弄著各種姿勢自拍，留下我們瞬間的回憶；上了高鐵我們竟然也不顧及她的父親坐在哪個座位，而是先忙著找好我們相鄰的位置，坐在一起吃零食聊天，無憂無慮。

快樂的日子轉眼即逝。不知不覺我們就畢業了，苗苗選擇出國深造，為此她父親賣掉了家裡的店鋪；而我則選擇去大學報到，開始我的大學生活。

我和苗苗就這樣分開了，但是我們卻一直沒有斷了聯繫，每逢苗苗假期回國，我們依然會在一起，小聚在某個朋友家中，每個人動手做一道自己喜歡的菜。

苗苗總會出招，讓大家一起玩真心話大冒險，一不留心，就會中招，就會罰她喝上一杯。那時候的開心和肆意歡笑，依然能與我們當年學生時期相媲美。

而今，已各自步入工作的我們，友情隨著歲月的蹉跎變得更加牢靠，更加親密。雖然我們在不同的國家，中間隔著一個太平洋的距離，每天都有幾個小時的時差，但是我們心的距離始終沒有變遠。前段時間，我因為工作壓力問題生病住院，當我心情沮喪的時候，首先想到的就是苗苗。

苗苗跟我一同承擔憂愁的時候，我心中的憂愁似乎就減少了一半。每當喜悅來臨的時候，我首先想要分享的人也是苗苗，這時我的喜悅就成了兩份。

我知道，苗苗就是我真正的朋友，她可以分享我內心的喜悅，同時也能分擔我的憂愁。真正的朋友，是在我出醜的時候，她不會諷刺我；在我遇到困難的時候，她不會冷眼旁觀；在我優秀的時候，她不會嫉妒我；在我把祕密告訴她時，她不會破壞我對她的信任。在我孤立無援的時候，她會用真誠的話勸解我，在我為生活瑣碎的事情煩惱的時候，她可以陪我化解一切困難。

朋友，並不是每天都要膩在一起，也不是每天都要聯繫，更不是有什麼事都要匯報。朋友，越久越真，越平淡越純，越真誠越久，我能擁有苗苗這麼好的朋友是何等幸運。

如果有人問我朋友的定義是什麼？我會毫不猶豫地回答：朋友就是把美好帶到你生命

裡的人。

我們難過時，會想到朋友；我們在高興時，也會想到朋友；我們在孤單空虛時，還會想到朋友。朋友在我們的人生中扮演著至關重要的角色。

人在世上不容易，能和一個人相識相知也不容易。與人相識便是緣分，與人相交就是上天給予我們更多的關照了。所以我們更是要加倍地珍惜我們身邊陪伴著的朋友。

我與小西從國中開始就是好朋友。我們一起升學，考高中、考大學，後來我們都上了大學。

我記得讀大一的時候，某天下雨我沒帶傘，站在校門口正發愁，這時小西正好傳訊息給我，問我要不要跟他的朋友一起去吃飯，我跟他說了我沒帶傘不過去了之後，沒過多久他就出現在我面前，於是我們共同撐一把傘去餐廳。

大二的時候我失戀，哭得死去活來。小西沒課就來學校陪我，講他們學校有趣的事情給我聽，帶我去看有意思的電影，不停地幫我轉移注意力，讓我不再去想那些不開心的事情。沒多久，我就又重新振作起來了。

那段對我來說漫長又痛苦的失戀的日子，是小西一路陪我走過來的，是他把我從那段陰影中拽了出來，至今我都心存感激。

我很慶幸我能有小西這樣肯付出的朋友。朋友就像小西在雨中送給我的那把傘一樣，為我們撐起一片廣闊的天空，把最美好的東西留給我們。

是啊，朋友就是這樣一種特殊的存在。他們在我們一無所有的時候與我們相識，他們陪我們走過無聊的日子，他們與我們分享著自己的青澀歲月，他們分擔我們的煩惱憂傷。他們願意為我們付出，他們願意陪伴我們，讓我們在成長的路上不孤單。

因為他們的存在，我們的回憶才夠真實。不是那些年的青春才讓我們記住他們，而是他們讓我們記住了那些年的青春。

最近一直和同事自嘲，說原來一直很喜歡聽 Hip-pop、Rap 和 R&B 的風格，總是覺得這些東西很炫酷。可是我踏出校園進入社會後的這些日子，我卻越來越喜歡聽老歌了。

老歌歌詞的字裡行間，總是蘊含著一種歲月的積澱，這種感覺就像我們早已逝去的青春歲月。那種字裡行間的深情都是那些潮流音樂所不能夠替代和傳達的。

比如周華健的〈朋友〉。最初只是覺得歌詞很朗朗上口，可是當我們到了不大不小的年齡的時候，才發現每一句歌詞都足以戳中淚點。我與朋友在學生時代的那種肆意和狂歡已經不復存在了，但是那份友情，那份感動，永遠都會存在於這個城市之中。

想想我們生活的城市，每天都有來來往往的人，與我們擦肩的人很多，和我們相識的人也很多，唯有與我們有血緣關係的親人屈指可數。除了親人以外，還有另外一種與我們至親的人，他們愛護我們，幫助我們，在乎我們，這種人就是我們的朋友。朋友是無可替代的存在。

朋友就是我們得到對方的幫助不用說謝謝的人，打擾了不用說對不起的人，高升了不必改變稱呼的人。他們可以和我們一起撐著傘在雨中散步，也可以陪著我們在雨中奔跑。可以一起在海邊沙灘上打滾，也可以一起進行某種遐想。我們有快樂，有歡笑，也有悲傷，那又怎樣，我們一起並肩前行。

人生在世，不可能永遠只是一個人孤軍奮戰。當我們面臨挫折與苦難的時候，我們需要朋友的援助與慰藉，這就是朋友存在的意義。好友就像夜空中的繁星，我們並不一定每天都能看得見他們，但是我們知道，他們一直在那裡，照亮我們的生命。

朋友，就是選擇把美好的風景帶到我們生命裡的人。我們選擇跟朋友在一起，才會發現生命原來如此美好。

# Part 6 尚未落定的人生，依然充滿可能

## 誰都能成為「白富美」

在普通人眼裡，「白富美」一直都是大家羨慕和追捧的對象，她們自命不凡，相貌出眾，光彩奪目，似乎各方面都高人一等。

很多人都認為自己無論怎麼努力改變都無法與「白富美」相提並論。其實不然，生活中，人人都可以成為白富美。潔身自好就是「白」，經濟獨立就是「富」，內外兼修就是「美」。

櫟櫟是跟我很要好的一個朋友，從國中到大學，櫟櫟從來都沒有進過「白富美」的行列。櫟櫟自己也深有體會：手機裡裝了各種美顏相機，仍然「美」不了自己這張臉。

每次在網路上發自己好看的自拍，立刻會遭到質疑。不白不富更不美，走在路上永遠都不會有男生過來搭訕。然而對於這些，櫟櫟只是說說，內心卻絲毫都不在意。

每當班裡一些搗蛋的男生來挖苦櫟櫟並不出眾甚至有些醜陋的外表的時候，櫟櫟總是高傲地說：「對於有些人來說，醜陋會影響未來，而對於我來說，並沒有任何的影響。」

果不其然，當大家大學畢業都在為找工作四處奔波的時候，櫟櫟已經變成「商業女神」了。她在一家公司做商業企劃，而且每次都一投一個準，深得老闆的賞識。櫟櫟用自己的才華和實力，引來了不少投資者的目光。甚至一個月之內，有超過五家的創投公司找她合作，一時間櫟櫟「小有名氣」。

櫟櫟的事業做得風生水起。曾經那個同學眼裡的「醜小鴨」終於蛻變成了商業圈中的「白天鵝」。

櫟櫟的外表不白不富不美，但是她創造的價值已經超過那些「白富美」太多倍。

對於有的人來說，美貌是一種天賦，而對於不具備這種天賦的棟棟來說，內在的勤奮和能力足以與之抗衡。

在這個看臉的時代，如果你醜，就會失去很多工作機會，可是如果不去逆襲和爭取，就會「醜」一生。難道我們甘願「醜」下去嗎？我們為什麼不用我們的實力去逆襲，去改變呢？

對於逆襲，我深有體會。我的一個玩伴朱朱，她從小就喜歡吃甜食，所以一直都很胖，身邊的人就總是叫她「小胖子」。

上國中的時候，班裡的男生經常調侃她欺負她，朱朱實在是忍無可忍，於是從那時開始，她選擇改變。

從那天起，她拒絕了一切甜食的誘惑，一有時間就去健身房燃燒脂肪，運動完就拚命讀書。憑藉著自己的毅力和信心，一段時間下來，不僅身體瘦了，成績也突飛猛進。這樣的改變，使得班裡的男生對她刮目相看。

其實，朱朱並不是善於打扮，而且她的身材天生並不是很勻稱。

於是她就自己做功課，當所有人都在沉迷於電子遊戲的時候，她卻窩在圖書館看時尚雜誌，學會了打造自己。她用腰線很高的熱褲突出自己的長腿，用寬鬆的上衣遮住自己並不完美的曲線。曾經留下的汗水和付出，都是她如今逆襲成功最好的證明。

雖然有些人生來就像櫟櫟和朱朱一樣並不完美，但是只要肯改變，每個人都是「白富美」。

有的時候，不是因為自己不是「白富美」，而是你不想讓自己成為「白富美」。

大多數情況下，容貌和身材或許可以使你擁有一個好的工作，並且得到一個展示自己的機會。哪怕你美貌，哪怕你是白富美，甚至可以與明星相提並論，但如果每天頤指氣使、道德敗壞、品行惡劣，也很少有人能容忍並且喜歡一輩子。

雖然我們沒有出眾的外表和明星臉，但是我們擁有追尋夢想的幹勁和決心，我們有毅力、有堅持、有勇敢，並且我們努力讓自己變得更好，那麼我們離「白富美」只差一個華麗的轉身。

我們天生不是「白富美」，但是我們輸了嗎？沒有！二十出頭的年紀，我們風華正茂，只要我們心中懷抱著夢想和熱情，我們依舊可以完美綻放。只要我們有毅力、有勇氣、有信念、對自己有信心，即使我們沒有美貌，也依然可以出現在「白富美」的世界裡，並且找到屬於我們自己的精采。

每個人的青春都是短暫的，每個人都會經歷兩個青春。第一個青春是上帝給的，第二個青春是靠自己打拚的。想成為「醜小鴨」還是想成為「白天鵝」，是需要自己去選擇的。

這或許是一個看臉的時代，世界的焦點被「白富美」和「高富帥」占據，但是最終還是需要用實力來定格最美的時刻。

或許有些人比較幸運，父母給了她們美貌和顯赫的地位，生來就是白富美。可是女人擁有美貌就夠了嗎？在我看來，任何事物都是具有兩面性的，美貌也一樣如此。美貌可以獲得更多的福利，但是在這背後也隱匿了更多風險。

它像砧板上的一塊鮮豔亮麗的小鮮肉，可以令人垂涎，也時刻可以被人拋棄。這樣看來，再美麗的外表，如果華而不實，又有什麼用呢？所以，我們要讓自己充實起來，讓自己有修養，讓自己有趣，讓自己變得更好，更重要的是，讓自己有夢。

我們不美，我們為什麼還在偷懶？

我們不能就這樣認輸，不能讓我們的人生也「醜」下去！

在這個世界上，有的人天生就是「白富美」，有的人後來變成「白富美」。而我想說，只要努力，讓自己充實起來，人人都可以是「白富美」。

下一個「白富美」為什麼不能是你呢？

## 「高富帥」究竟值得什麼評價？

可以說，成為「高富帥」是每個男生心中的夢。雖然有的人嘴上不說，但誰不希望自己外表好看，光鮮亮麗，地位顯赫，走在街上備受青睞和仰慕呢？

但是，只是擁有這些看似光鮮亮麗的外表，就能被稱為「高富帥」嗎？當然不，只有高於眼界、富於實踐、帥在素養，才能真正地堪稱「高富帥」。

米米是我的大學同學，長相並不出眾，大學的時候他的那些室友就經常拿他開玩笑，再加上他的條件並不優，走在路上也不會受女生關注。

大學畢業，我們各奔東西，每個人都在為找工作奔波。意外的是，米米在畢業後，並沒有忙於工作，而是在忙於夢想。米米早就說過，他的夢想是全國「探險」。

米米與朋友一起找了一份不錯的兼職，目的是為了賺一部分路費來支持自己的夢想，之後沒多久米米就踏上了全國「探險」的旅程。

隨後的幾個月，米米天南海北地一路踏過去，住簡陋廉價的飯店，吃當地的特色小吃，與熱情好客的朋友合影，然後沿途拍了很多風景照。就這樣一路走過來，不知不覺間米米已經踏遍了各地。今年年前，米米邀請我和幾個朋友去他家做客，不大的客廳貼滿了照片。米米說，他回來之後就把沿途的照片全部沖洗了出來，留作紀念。

在那些照片中，我看到了他在青島藍天白雲下跳躍，在夜幕五彩斑斕的燈光下的笑臉……我從中彷彿看到了米米的篤定。

於是，我問米米：「之後打算做什麼？」米米說：「休整一段時間，再賺一些路費，再出發！繼續實現我的夢想！」

其實在米米出發之前，身邊的好多人都勸他，甚至有些人認為他很苦，沒錢窮遊又何必呢？好好地留在家鄉，找份高薪的工作，談一場轟轟烈烈的戀愛，享受安逸的生活難道不好嗎？

米米回答說：「我用我自己的實力去賺錢，雖然賺得不多，但是做路費足夠。年輕時沒有錢，就要吃點苦。我只是想做一件我一直都想做的事情，我想實現我的夢想。」

聽了他說的話，我突然覺得米米的做法很酷，還有什麼能比實現夢想更讓人驕傲的事嗎？

每個人都在「說」夢，但是有幾個人真的像米米這樣付出行動了？或許在有的人看來，詩和遠方都是有錢人做的事情，是那些所謂的「高富帥」用來消遣的方式。但在我看來，米米的「窮遊」才是我們人生中真正應該要做的事情。心中有夢，不畏遠方。

其實對於每個年輕人來說，誰不曾經歷過自己想做卻又做起來很艱苦的事情呢？難過、傷心、失意，都是在夢想的道路上無法繞過去的溝壑；經歷過、體會過，為之痛苦過，才會慢慢成長起來。

最怕的是一直停留在過去，陷入自己難過的境遇中無法自拔，也不願改變。之所以這樣，是因為心中沒有信念，沒有夢想，沒有讓自己徹底改變的決心。

只要有夢想，什麼時候出發都不算晚。我們年輕，我們能吃苦，雖然我們沒有錢，但是我們有的是志氣和信心。

只要我們努力和上進，未來一定不缺錢，如果我們總是不邁出第一步，那麼等真正到了我們自己有錢的時候，再想去出發，那時候我們已經青春不再，熱情磨滅，哪還有力氣去拚夢想？

千萬不要因為自己沒錢，自己不是「高富帥」，就對自己夢想擁有的高品質的生活止步不前。假如什麼都不敢去嘗試和追求，那就永遠是別人家的生活。趁年輕，去追吧！

我的一位朋友張先生，是師範大學的高材生，畢業後工作沒多久，就前往偏鄉從事偏鄉教育了。剛開始工作的時候薪資少得可憐，住的地方更是艱苦。

幸運的是，張先生的女朋友優優一直陪在他身邊，優優的舉動一直都不被她身邊的朋友看好，甚至沒有一個朋友是支持他們的。

不過兩個人仍舊一起努力打拚，幾個月之後，張先生的收入逐漸好轉，優優也在當地找了一份與教育有關的工作，努力經營自己的未來，生活品質越來越高。

前不久，張先生結束在偏鄉的工作，帶著優優一起回來。回來之後，張先生便用自己的存款在北部買了一間房子，準備訂婚。

我想說的是，張先生家境很一般，我剛認識他的時候，他生活過得很窘迫，甚至每天都躲在寢室裡吃泡麵。但從開始到現在，他的言談舉止不僅不寒酸，甚至很有氣場，很有富家公子的風格，光憑他的自信和力量，就遠遠超過那些「高富帥」了。

在我們的生活中，有一部分人總是說：「該有的總會有的，不要那麼著急。」但是有些東西都是在「等待」中錯過的，比如說夢想，比如說更好的生活。

有的人會問，什麼是夢想？什麼是更好的生活呢？在我看來，這兩個問題再簡單不過，夢想就是自己最想去做的事情，而更好的生活就是自己想要過的生活。

米米和張先生的生活即是如此。

他們兩個沒有優越的生活條件，也不是「高富帥」出身，卻憑著自己的能力實現了夢想。

其實，即使是「高富帥」又怎樣？如果一個人有很多錢，但是不知道如何去更好地生活，如何去實現自己的夢想，那麼他不是暴發戶就是守財奴，是一個華而不實的擺設而已。

那樣俗不可耐的生活，難道是你想要的？

而你如果有夢想、有魄力、有追求、有學識，內心豐富，腳踏實地，即使外表不出眾，家境不顯赫，也同樣是「高富帥」。

所以說，「高富帥」的定義，是所謂的高品質和高追求。這不僅是一種體驗，也是一種人生態度。是一種即使沒有處於優越的環境中，也依然要去追求夢想和想要的生活的魄力和信念。這比任何東西都重要。

## 慢下腳步，但不要停下追尋

有些時候，我們做一件事情之前總是先看看能得到什麼樣的結果，然後再去向結果邁進。事實上，結果是不應該被關注的一件事情。有些時候，結果並不重要，重要的是一步一腳印向前跑的過程。只要一直跑，就一定能有所收穫。想要成功並不難：跑起來，可以跑得很慢，但是不能停。

潘潘和楊楊在同一家公司上班，是一對形影不離的好朋友。潘潘天生就是個反應快、接受能力強的女孩，學什麼做什麼都是一點就通，她知道這是她自己的優勢，一直以來為此感到驕傲。

楊楊對新事物的接受能力就沒有潘潘強，儘管楊楊很努力，但業績很難擠進公司的前幾名，不過她仍舊沒有放棄。

楊楊幾乎每天早晨四點就起床，她認為每天早晨是大腦思維最敏銳的時刻，最適合去想問題。於是她大都是邊盥洗邊思考當天必須完成的工作。然後她頭腦清醒、目標明確地去上班，開始一天的工作。

她總是第一個來到辦公室，忙碌起來常常顧不得吃午飯，餓了就買些麵包充飢，通常一工作就到深夜，甚至第二天凌晨。多少個夜晚，楊楊都是在自己的辦公桌前度過的，有時候太累了就趴桌子上休息一會兒，然後打起精神繼續工作。

周圍的同事總是去勸楊楊，讓她不要這麼拚，但她總是說：「雖然我這樣比較辛苦，進步也比較慢，但是至少我努力了，我相信只要我不停止，就一定能成功。」

終於，功夫不負有心人，楊楊的業績在自己的努力下排進了公司的前三名。

雖然楊楊沒有過人的天賦和智慧，但是她並沒有停下步伐。她依舊勤奮努力，踏實肯做，從小事做起，一點一點自我超越，最終取得了卓越的成績。

而聰明驕傲的潘潘呢？她認為自己很優秀，並沒有好好利用自己的天賦，而是原地踏步。久而久之，她被楊楊超越，只能鬱鬱寡歡地去羨慕別人的成功。

透過楊楊和潘潘的故事，我想告訴各位這樣一個道理：任何成功，都離不開自身的努力和永不停歇的行動。

只有讓自己選擇繼續奔跑，才能獲得進步；只有不斷前進，才能征服一切。

在生活中，我們可以選擇慢一點奔跑，但不要停下自己的腳步。

在追求夢想的路上，成功和安逸是一對仇敵。想要安逸，懶惰就會侵蝕一個人的身體和靈魂，成功也會與你漸行漸遠。

楊楊雖然能力上不如潘潘，也沒有潘潘那樣的天賦，但是她並沒有選擇放棄自己，依舊在自己的工作職位上努力付出，揮灑汗水，沒有停下工作和學習的腳步。雖然這個過程比較艱辛，也比較緩慢，但是有付出就一定會有回報，總有一天會成功的，不是嗎？

倘若她安於現狀，不努力不進取，又怎麼能取得如今的成績呢？日本的「推銷之神」原一平在曾經的一場演講會上，當記者問他推銷的祕訣的時候，他在眾人面前脫掉了鞋子和襪子，並把提問的記者叫到臺上，說：「請你摸摸我的腳底。」

記者摸了摸，很是驚訝，因為原一平的腳底布滿了厚厚的一層老繭。

原一平說道：「你們知道為什麼我的腳底會有厚厚的一層老繭嗎？因為就算我跑得很慢也從來不會停下，所以我走的路比別人走的多得多，跑得也比別人勤快。」臺下的人沉思片刻後恍然大悟，響起了雷鳴般的掌聲。

我認為人生中任何一種成功的獲取，都始於勤奮和進取，就像原一平先生一樣。想要成功，就要堅持，堅持既是基礎，也是祕訣。

一個人想要有所成就，唯一的捷徑就是堅持不懈，擺脫浮躁，腳踏實地，一步一腳印地走下去。就算很慢，那又怎樣？命運往往都掌握在努力工作的人手裡，所謂的成功正是這些人在工作和生活中努力證明自己的過程。

雖然你的能力和智慧比別人稍微差一些，但是只要你不停下來，就可以在日積月累的「行走」之中彌補這些弱勢。只要努力向前走，就一定能得到生活給予我們的回報。回報是對等的，對於每個人來說都是公平的，不付出行動只在原地打轉的人，是永遠取得不了成功的。

有的人總是請求讓老闆加薪然後再把工作做好，有的人會等火爐讓自己溫暖之後才會往裡加木柴，有的人總是請老師給自己好成績之後才會努力用功，農夫總是等有豐收之後才能好好耕田。

與其請求別人，為什麼就不能在得到回報之前先付出呢？自己不付出，憑什麼求別人給自己收穫？收穫不會從天而降，自己不去努力一切都是空想。

每個人都渴望得到幸福，幸福是需要自己努力去打拚的，而成功也是用勤奮和努力賺來的。即使你天資一般，但只要堅持走下去，就能彌補自身的不足之處，成為一名成功者。

而那些試圖繞過勤奮去尋找成功的人，勢必會被擋在成功的大門之外。

如果你的未來充滿夢想，那麼還在等什麼？努力地選擇奔跑吧，向前看，成功就在不遠處。

## 慢下腳步，但不要停下追尋

當我們為了心中的夢想孜孜不倦地努力的時候，我們會發現，曾經的那些困難帶給我們的打擊並不嚴重。

大部分年輕人的內心，都對未來充滿了憧憬和追求。對夢想的渴望，會激勵這些年輕人不顧一切地為之努力。當然，如果你希望有一天能過上自己想要的生活，就不要選擇「放過」自己。

那些看起來遙不可及的夢想並沒有我們想像的那麼困難，只要我們勇敢地為夢想跨出第一步，成功就屬於我們。

高中同學李媛跟我考進了同一所大學。她想進夢寐以求的藝術系，但在父母的一再期望之下，她還是選擇了財務管理系。

一次閒聊，李媛坦誠地對我說：「不想待在財務管理系了，我簡直受夠了那裡的生活。」

我問她為什麼。她說：「我在那裡學得很憂鬱，和很多人都無法溝通。那些學霸的世界，我融入不進去。」

我說，「妳也是學霸啊，而且我覺得妳比他們都強。」

她說：「不，我和他們不一樣。」

她說，那些學霸們每天在討論的都是數字和公式，晚上回到寢室，嘴裡說的還是一些計算方法和表格數據。而她覺得，自己本來能絢麗多彩的青春，不應該沉淪在那些枯燥無味的數字裡。

李媛的父母喜歡這個領域，他們覺得李媛選擇這個科系，就能讓人生飛黃騰達。當然，成績是很重要，但是人生中不是只有成績，還有生活。

自從進了財務系之後，李媛將大把時間都留給了成績，而剩下的那少之又少的空閒時間，也只是平常的吃吃逛逛而已。

李媛說：「我選擇離開，並不是說他們的生活方式不好，只是我不想要過那樣壓抑的生活，我也不想讓父母替我規劃我以後要走的路。我有我的夢想，我不想因此就放過我自己的夢想，所以我想去別的地方看看。」

之後的一段時間，李媛就從我的生活中消失了。

畢業後很久，我們公司跟一家公司合作一件新產品，我代表甲方，在會議上又一次見到了李媛。原來，李媛當時不顧父母的阻攔，轉去了藝術學院，學了她一直想學的油畫。

果然，新的環境，李媛的精神完全與以前不同。由於對油畫的熱愛和天生的靈氣，一時間她在藝術學院小有名氣，每天都感覺很好，也做出了不少成績。畢業之後自己開了一個工作室，事業做得風生水起。大家都在努力，不過並不是在任何事情面前都是一分耕耘一分收穫，有些時候，只有在做自己喜歡的事情的時候，才會收穫得更多一些。

其實夢想沒有好與不好的區別，學霸們有自己的目標，能在學習中感受到樂趣，當然是再好不過的。而你如果不喜歡這樣壓抑的環境和生活狀態，也不必忍受，轉過身去看看外面的世界，追尋自己的夢想和自己想要的東西。

在夢想面前，別輕易「放過」自己。

人的一生很短暫，我們在人生的道路上所經歷的人和事，都是我們需要去挑戰的對象，然而實際上，自己才是最強大的敵人，要想成功，先要去挑戰自己。

在生活中我們面對困難總是容易退縮，甚至躲避，理由是太有難度；面對應該承擔的責任，我們會選擇推卸，理由是自己沒能力；人生的確有很多需要我們去面對的問題，而我們總是用太多的理由去應對。難道我們就要安於現狀嗎？我們真的就這樣放過自己了嗎？

國外有一位演說家，他之前由於天生口吃，常常被對手反駁得毫無還擊之力，每一次的失敗都成了大家嘲諷和挖苦的內容。然而，這位演說家並沒有就這樣放過自己，也沒有因為自己的口吃就自暴自棄，而是每天清晨在大家沒起床的時候他就堅持進行演說練習，嚴格要求自己，不到時間絕不休息。

經過不懈的努力，克服了種種困難，最終成為一名成功的演說高手。

由此可見，無數個成功者都是用自己的信念和意志力戰勝自己的。如果因為自己的懦弱和天生的缺陷就放過自己的話，那麼又怎麼能取得成功呢？

如果你還在退縮，還在猶豫，那就看一看那些成功人士是怎樣一步一腳印走過來的。如果你已經開始向自己宣戰的話，一定要堅持下去，不要放過自己。

人生總是在不知不覺間柳暗花明。雖然一開始我們因為種種原因沒能走上成功的道路，或許不想讓父母失望，或許因為天生的缺陷，但是只要我們不去放棄，勇敢地去選擇自己想走的路，總有一天會海闊天空。成功永遠屬於自己。

即便走錯了又怎樣？走錯了還可以重來。即便選擇錯了又怎樣？選錯了還可以改正。心中有夢想的人，只要順著自己的內心走，嚴格要求自己，永遠沒有歧途。

我記得村上春樹說過一句話：「以卵擊石，在高大堅硬的牆和雞蛋之間，我永遠站在雞蛋的那一方。」

我們還年輕，我們還有很多想做的事情沒有做。

或許，我們可以趁著我們還年少，趁我們還輕狂，趁我們青春不晚，趁我們年華未盡，趁我們還懷揣夢想，做一顆勇敢的雞蛋，和我們的夢想硬碰硬到底，即使粉身碎骨、支離破碎，也不放過自己。

我們每個人都是一顆雞蛋，看似一樣，但是內心卻是獨一無二的。我們應該過我們自己想過的人生，走我們想走的路，每一顆雞蛋都是值得去欣賞的。

即便走錯，即便遍體鱗傷，也不要輕易放過自己！

## 四處奔波的「壞孩子」，有不一樣的未來

有一段時間，網路上特別流行這樣一段話：「當你不去旅行，不去冒險，不去拚一拚夢想，不過沒試過的生活，整天掛著FB，聊著LINE，逛著蝦皮，玩著手遊，做著八十歲的老人都能做的事情，你要青春幹嘛？」

這段話之所以流行，我想，是因為它能夠喚醒我們很多人心底沉睡許久的夢想。

策劃部有一位四十多歲的竇先生，他是忠實的搖滾愛好者。他對搖滾的愛好，到了你隨便說出一個搖滾明星或樂隊的名字，他就能從第一張專輯一直說到風格特色。儼然是一位搖滾專家。

聽他說，學生時代這種獨特的愛好在老師眼裡並不被認可，甚至還會因此被老師貼上「壞孩子」的標籤。

當時，竇先生在學校成立了一個搖滾社團，他們經常翹課去琴房玩樂隊，每次上課點名總是被老師抓包。身邊的同學認為他這樣會耽誤學業，對未來的發展並無益處。不過竇先生對這些看法並不在意，而是繼續堅持著看似毫無意義的熱愛。

大三的那年暑假，竇先生做了一個驚人的決定，退學去鑽研搖滾樂。

竇先生退學之後便開啟了旅遊模式，他和幾個搖滾愛好者同行，去不同的國家感受不同的音樂文化，體會當地的特色和人文，一路過關斬將，PK 掉很多大師級別的競爭者，知名度一路上升，沒幾年就成為了他們那屆畢業生中的翹楚。

而這一切，都要感謝他當年的奮不顧身和走過的路。

後來，年輕的竇先生和一家知名的音樂公司簽約，簽約的那天，上司對他的評價是：「我從來沒見過哪個和他同齡的音樂人，在這方面比他知道得更多！」

就這樣，竇先生當年不被看好的那一份熱愛，竟然成了他通往成功路上的基石。每個人都認為他的愛好毫無用處的時候，他用他的能力和成績證明了自己。

竇先生為了追逐夢想，夸父逐日般地奔走，在各個國家中遊蕩，窮盡一切，只為一個旁人看似遙不可及的目標。對於搖滾的熱愛，使他所花費的經歷遠遠超過了實際的需求。

然而正是因為他走過的這些路，所見的那些人，體驗的那些異國風情，充實了他原本空洞的人生，實現了他內心堅持的夢想。

世界那麼大，應該去看看，去走走。

聽完他的故事，我有些熱血沸騰，就問：「那您怎麼來我們公司了，怎麼不堅持您的夢想呢？」

竇先生笑意濃濃地說：「因為我有了女兒，需要讓我的家庭感到穩定。」

這句話讓我更加震撼。為了家庭，才華橫溢的竇先生放棄了自己的夢想，選擇了人生中更大的夢想。能為家庭捨棄自由與繁華，這一點也是難能可貴的。

我們的人生都很短暫，我們從出生到死亡的過程之中，注定要走很多的路。生和死就像是起點和終點，而起點和終點之間的距離，並不是一眼就能望到盡頭的直線。在連線的盡頭，有一個寶藏。

想要得到寶藏，就要走下去，不過其中的軌跡需要我們去探索、去尋找。在這個過程之中，或許我們會遇到很多陌生的人，或許會經歷很多困難和關卡，然而想知道我們最後能獲得什麼，就必須義無反顧地埋頭走下去，否則將永遠與成功無緣。

這整個過程也許會很累，也許我們會遭受打擊然後筋疲力盡，但是我相信沿途中的風景一定極美，是任何人都欣賞不到的。正是因為有了這些風景，人生才豐富多彩，獨一無二。

我們每個人，都應該做一個四處奔波的「壞孩子」。

任何事情並不是只有唯一一個結果，人生中那些讓自己成功的機會，只屬於那些心無雜念、憑藉著一腔熱血，懷抱著夢想說走就走的人，正是這種不計結果說上路就上路的衝勁，才讓人生充滿了更多的可能，才讓人生遇到更多成功的機會。

多出去走一走，你會發現不一樣的世界。如果你在一個地方待得太久了，覺得膩了煩了，那麼就出去走一走吧，萬一能時來運轉呢？我認為在有些時候，我們應該忘記得失，忘記結局，也不要在意能不能超越什麼人。我們只需要把力量和精力都集結於腳下，將目光停留在沿途的美景中，一步一腳印地往前走，四處奔波，永遠都不回頭。

只有這樣，才能不被利益和榮耀牽絆住，得以和人生中的驚喜和機遇擁抱。

人們常說有夢想的人需要遠行，而遠行的意義就在於走別人不敢走的路。這是每一個夢想者必須具備的勇氣和魄力。

不探索外面的世界，不豐富自己的閱歷，又怎麼能提升呢？讀萬卷書，不如行萬里路，聽別人說，不如自己親身感受。

當你帶著自己的夢想上路的時候，你才能找到存在的意義；當你看到山村的孩子連飯都吃不到的時候，你才會珍惜當下的生活；當你登上雪山體驗「一覽眾山小」的時候，你才知道自己是多麼渺小。而你所謂的那些挫折和打擊，困難和痛苦，都那麼地不值一提。

生命短暫且難以預測，我們能去做的，就是讓自己的生活更豐富多彩，讓人生更有意義。心有美景，才要遠行；懷抱夢想，才要上路。如果心中無夢想，那麼上路又有何意義呢？

## 荒唐，是幫助人生完整的必經之路

我們每個人在短暫的一生中，都會經歷很多這樣或者那樣的事，有開心和快樂的，也有痛苦和荒唐的。

快樂的事情能幫助我們豐富人生，荒唐的事情能幫助我們完整人生。只是看你怎樣選擇罷了。

我們在人生中所面對的一切，都是我們成熟之前必須經歷的。只要你扛得住命運的荒唐和多變，早晚有一天，整個世界都是你的。

我的好友林凌是一位報社編輯，他的工作效率高得驚人，別人要排一天的版面，他半天就能搞定，不僅選材新穎，文學造詣也很高。

稿子寫得能跟金牌記者媲美，甚至連拍照都很完美，堪稱專業。大家都覺得他是報社裡的「天才」。但是他具備的這些能力，並不是與生俱來的，而是要拜他之前的主管所賜。

他之前所在的報社，主管為了節約開支，總是讓他做一些看似很「荒唐」的事情，把原本應該三個編輯做的事情都讓他一個人去做。有的時候版面不夠，就讓他一次把版面補全，甚至為了節約請攝影師的開支，讓他代替攝影師拍照片。既是記者又是攝影師，這樣荒唐的工作讓他幾乎崩潰。

後來他辭職了，想去一家非常知名的報社碰碰運氣，沒想到竟然出乎意料地順利。面試的時候要求做版面，他做得又快又好，他帶了之前拍攝的新聞配圖給面試官看，令面試官很是驚嘆。

他的能力在面試的時候很是加分，於是他被那家報社順理成章地聘用，並且沒多久就升職了。

就這樣，當初他所做的那些不公平和很荒唐的事情，如今變成了他強化自己能力的力量，讓他的人生從此發光發熱。

張愛玲曾經說過：「生活就像是一襲華麗的袍子，裡面藏滿了蝨子。」在我看來，我們生活中所遇到的那些荒唐的事情和挫折，就是蝨子。

再美好安逸的生活也不可能沒有挫折，再完美的人生也不可能缺少一些荒唐的事情。在前進的人生道路上我們難免會遇到各式各樣的問題，體會命運給我們帶來的酸甜苦辣，體會世態炎涼。

有的時候，我們總是抱怨生活太荒唐，人生糟透了，恨不得自己馬上從這個世界上消失永遠都不要再出現。但是我們讓自己冷靜下來想一想，這些荒唐的事情只不過是命運給我們的磨練和刁難罷了，沒人能躲得掉。

荒唐的事情是幫助我們完整人生的。

佳楠是我同事的一位客戶，當時給我印象最深的就是她身上穿的那件鮮紅色的露肩長裙和一臉濃妝。她對人總是笑盈盈的，我很欣賞她的個性，就主動找她聊了起來。後來我們一有時間就會出來逛街吃飯。

之後的一段時間，我得知佳楠其實已經結婚了，不過剛一年就因為她的丈夫出軌而離了婚。一個人帶著女兒，日子過得並不算富裕。她經歷了那麼多的事情，卻從來都沒見過她發愁。

前幾天，我們一起喝下午茶，我問佳楠：「妳一個人帶孩子不覺得很痛苦嗎？」佳楠說：「人生在世，又有誰能過得如意呢？我們改變不了命運的安排，但是我們可以改變自己，總有一些事情能使我們變得堅強。」

她的話深深觸動了我。確實，我們會遇到許多像佳楠經歷的難題，但這又能怎樣？這就是人生。

命運是一個難纏的傢伙，甚至有些異於常人的愛好，冷不防就會使出一個招數，為原本好好的生活製造一些荒唐的事情。

面對這些荒唐的事情，我們可以放肆大哭來宣洩自己的情緒，也可以肆意悲傷來證明自己的不滿。然而我們不妨去想一想，正是這些荒唐的事情才讓我們看清楚這一切，然後變得勇敢堅強。

有人說，對於人生中出現的那些荒唐的事情，除了恨，似乎沒有別的辦法。在我看來，最好的方式，便是把這些荒唐的事情當作經驗和教訓。

不要總是去恨那些讓自己不快樂的人和我們所經歷的那些看似很荒唐的事情，更不要讓恨牽絆著我們的生活和前進的步伐。荒唐的事情本來就是生活中必不可少的一部分，哪怕我們被命運折磨得遍體鱗傷，也要微笑接受坦然面對，再苦也要生活下去，不是嗎？

當有一天，我們得到了想要的一切，過上了想要的生活，這時候我們猛然間回頭，會驚喜地發現，原來之前我們走過的那些崎嶇的路，經歷過的那些荒唐的事情，遇到的那些奇怪的人，都是組成我們人生的一部分，少一個都成就不了如今的我們。

當你恍然大悟的時候，你一定會像命運致敬，感謝那些荒唐的歲月以及命運給我們的考驗讓我們變得堅韌不拔，讓我們的人生充滿光彩。

上帝的錯牌，也能打出精彩人生

生活並不總是一帆風順的，我們不可能一直都是幸運的，人生在世，總要經歷一些打擊和磨難，對於年輕的我們來說，如今所承受的磨難是未來最寶貴的財富。多經歷一些風浪，多接受一些教訓，才能讓我們變得更加堅強。

最近一次見到邵先生是在兩個月前的大學同學聚會上。那天他穿了一套運動服，一臉疲憊。在飯桌上，聽他說了他這些年的坎坷經歷。

大學畢業之後，他就在家人的贊助下開了一間廣告設計工作室，但是那段時間廣告設計似乎競爭非常激烈，他的工作室比不上那些上市的大公司，於是沒過多久就倒閉了。

後來邵先生就去幫朋友一起做生意，但只做了半年，朋友的公司因為牽扯進了經濟糾紛，沒多久就關門了。

再後來，邵先生又和一個哥們在家附近合夥開了一家火鍋店，剛開始生意還不錯，但是後來由於周邊的餐飲業迅速發展，小火鍋店的生意越來越差，無奈之下只得停業。

後來邵先生在幾乎接近絕望的時候，終於在一家外貿公司找到了一份穩定的工作。總之在我們畢業後的幾年時間裡，邵先生換了很多工作，也做過生意，但是上帝似乎總是在和他開玩笑，每次都以失敗告終。

我在想，每個人的一生或許都會像邵先生一樣，注定要經歷一些關卡，品嘗生活的酸甜苦辣，人生的失意與無奈。生活不會一帆風順，而挫折，是人生中必須經歷的一課。

每個人的人生都不可能是一帆風順的。太陽有升落，月亮有圓缺；生活也一樣，困難與挫折、磨難與缺憾，本來就是生活的一個組成部分。只有經得起命運的考驗，才能在風雨後見到絢麗的彩虹。

其實我們仔細想想看，這個世界上，有誰能過得一帆風順，事事都順心如意呢？我們幸福的感覺都是相同的，但是痛苦和失敗的原因卻各不相同。

有的時候生活就像玩撲克牌一樣，上帝不會總是發一手好牌給你，每個人都不會永遠地幸運，難免會遇到這樣那樣的挫折，而每一次挫折都是上帝對我們的考驗。

有的人一定會痛恨上帝的這種「捉弄」，認為上帝是一個十惡不赦的惡人，總是讓苦難降臨到我們頭上。但是不妨換個角度想一想，我們的人生難道不是因為有了這些小苦難才變得豐富多彩嗎？有些時候正是我們生活中的種種不幸，才讓我們在困難面前更具有戰鬥力。

我的一個朋友茂茂，她才華橫溢，樣貌出眾，踏實努力。大學四年後順利畢業，她很快就跟相戀十年的男友步入了婚姻殿堂，做起了全職太太，日子過得快樂安逸。

然而好景不長，這樣的日子沒持續多久「災難」就降臨到了她的頭上。

一次工作上的意外，讓茂茂的父親腦部嚴重受損，不記得身邊的每一個人。面對這樣一個突如其來的打擊，茂茂彷彿跌落進了萬丈深淵，辛辛苦苦經營的幸福生活就這樣崩塌了。之前過著平穩生活的茂茂只得東奔西走，為父親籌備昂貴的醫藥費。

前不久，我與茂茂相遇，曾經如花似玉的茂茂彷彿一夜之間蒼老了許多。她對我說，這次意外讓她懂得了珍惜。

人這一生，多少會經歷一些大風大浪，過於平淡的生活過久了也會覺得沒意思。儘管有些風浪並不是我們想要的，儘管有些苦難我們並不想經歷。不過既然上帝把它們降臨到我們頭上，我們就要勇敢地去面對和接受。這才是生活的真諦。

生活是我們最好的老師，它可以教會我們很多書本上沒有學到的知識。

生活本來就艱難困苦，與其躲躲藏藏，倒不如積極去應對。我們在年少的時候，總是抱怨生活太艱難，然而到底有多艱難，那時的我們還無法用言語去描述，也沒人願意對我們提及。

隨著年齡的不斷增長，到了經營生活的年紀，了解和認識這個世界之後，我們心裡才會有所顧慮，然後去制定自己的目標，確定自己前進的方向。不然我們總是停留在安逸中，每天吃喝玩樂，肆意揮霍，頹廢享樂，總有一天會忘記自己身處何處。

命運多舛，在不幸降臨之前，我們是要提早做準備的，就像紙牌遊戲一樣，在對方還沒出牌的時候，自己就要想好用哪張牌去應對，這樣才有勝算。

感謝上帝為我們製造的種種不幸，這些不幸是為了讓我們更好地奮鬥，這些不幸讓我們更加珍惜眼前的一切，這些不幸讓我們挑戰挫折，變得更加強大。

更重要的，是讓我們能走出過去的陰霾，做更好的自己。因為那些生活中的不幸，我們才有面對未來的底氣。

## 青春的餘額已不足，但夢想依然可充電

雖然現在已經進入工作了，但我總在回想我跟小俊在畢業那年拉著行李箱，背對背漸行漸遠的感覺。淚水在臉上放肆地流，內心中充斥著對校園生活的不捨，以及對未來天地的期待。

小俊曾說：「我要試著去放肆，試著去闖蕩，讓我的青春好好燃燒一把！」那時，她的宣言也將我的鬥志狠狠地點燃了一把青春的大火。

盛夏是個傷感的季節，隨著畢業鐘聲的響起，迎來告別的一季。與小學告別，與中學相遇；與中學告別，與大學相遇；與大學告別，與社會相遇；我們會告別一些人，會和另

外一群人相遇，我們也將會告別故鄉，與陌生的城市來一場未知的相遇。在一切的告別中，我們終將提起行囊，逐漸告別我們的青春。

我總在想青春對我們而言意味著什麼，一場考試、一場分別，還是一次後會無期的旅行，又或者是一段瀟灑瘋狂的時光？每個人心中定義的青春或許都有所區別，但每個人的青春中都積蓄著我們人生中最美好的那些回憶。

慶幸的是，我們每個人都擁有最昂貴的青春；惋惜的是，青春的時光總是那麼有限，「後悔」總是成為多少青春無法彌補之人的共鳴。

「好後悔沒有跟自己喜歡的女孩告白。」

「好後悔沒有做幾件瘋狂的事情。」

「好後悔沒好好利用時間來讀書。」

「好後悔沒有一場說走就走的旅行。」

大多數的人，還沒來得及珍惜青春，青春就像是一道光轉瞬而逝。遺憾和後悔構成了青春的色調，時間卻成為了青春的後悔藥。

青春是一段有去無回的旅行，並且沒有後悔重來的可能。所以，浪費時間，是一件無比可怕的事情。

告別校園，走入社會，成了大多數人茫然的開始。他們每天都要問上帝一萬遍：「我該怎麼辦？我該怎麼辦？」有多少人每天都在用「茫然」消耗著青春易逝的時間，用勵志熱血的雞湯安慰著那些逝去的時間呢？

就像小俊，離開學校後，她每天都會在轉發至少十幾條勵志文，不知道是想激勵自己還是感動他人。反正，我在剛開始看的時候還有些熱血沸騰，但是看得多了，最後也就無感了。前些日子，我們在網路上閒聊，就互相問了一下彼此的近況。

她說：「畢業之後，一直覺得好茫然，不知道選擇一份什麼工作，不知道自己適合什麼工作。北上也有兩年了，居然有了想要放棄闖蕩、謀求穩定的想法。也許是因為自己找不到喜歡做的事吧。」

茫然成了很多像小俊一樣畢業生的心頭病，他們一直用茫茫然的態度，在社會中尋求一份存在感，但時間的流逝讓每個人都變得不再像青春年少時那樣無所畏懼，反而尋求妥協穩定，得以找到一份自以為的安全感。

時間給了我們一個限定，我們給了自己一個限定。我們把自己框在了時間範疇裡，以

「所剩無幾的時間」為藉口，不斷朝著求穩的路上走著。想想都感覺到有些可怕。

也有人為自己找了很多的理由和藉口，比如「我終於變得現實了」、「我終於不再異想天開了」……打著歷練過社會的幌子告訴我們，穩定未嘗不是人生的一種追求，誰說我們生來就是為成功而來？

於是，這些人找到了一個讓自己拒絕奮鬥的藉口，那就是「穩定」。

我借用作家李尚龍說的一句話來打掉以上所有藉口，那就是：你所謂的穩定，不過是在浪費生命。

朋友欣悅一畢業就回了家，聽從父母的安排，進了一家正規的公司上班。按照她的說法就是，生活規律、薪資穩定、福利待遇優厚，每天閒暇時間跟朋友出來喝個茶，聊個天，享受每天平淡安逸的生活，就這麼一輩子安穩地過下去也非常好。

為了穩定，我們在追尋一切可以舒適的區域；為了穩定，我們試著接受了一個不怎麼感興趣的職業；為了穩定，我們選擇了一份沒有挑戰的工作。

年紀輕輕的我們，早早地接受了這所謂的穩定。其實這並不是在追求穩定，而是貪圖一時享受的安逸。而真正的穩定，是需要花費更多精力去建設的，絕不是過著在安逸中混吃等死的日子。

在網上看過一篇報導，說現在很多應屆畢業生寧可選擇做月薪兩萬五的行政人員，也不願意打底薪三萬加抽成的業務人員。只因業務不夠穩定且壓力大，還經常到外面出差。但行政人員一類的文職工作就不用擔心這些，因為足夠輕鬆穩定。

而且收入也穩定，穩定到出去吃一頓飯、看一場電影都要糾結上老半天，穩定到想去孝敬父母的餘錢都沒有，穩定到每月都要為房租水電費有沒有錢交而擔憂。但很奇怪，有相當一部分人願意享受這樣的穩定。我實在不理解，這些穩定究竟為生活帶來了什麼？

看著別人住著大房子，開著豪車，而你可能還在盤算著下一個月的貸款。走到百貨公司，看見喜歡的衣服，結果一看價格，隨便一件就幾千塊，於是安慰自己「衣服款式不行，顏色太醜，再看看吧」。

朋友生日的時候別人送名牌，我們送便宜貨；別人巴黎一日遊，我們公園休閒一日遊；別人拿著錢孝敬父母的時候，我們只有在心裡孝敬。這時候你不心酸難過嗎？

社會永遠是公平的，付出多收穫自然就多，付出少收穫自然就少，因為生活從來都只能靠自己成全。

那些比你厲害的人，他們只是在很早的時候就選擇了奮鬥，因為他們知道，青春是貶值很快的東西，而且無法充值，時間從來不會虧待每一個對它認真付出的人。

簡白說過：你所謂的穩定，其實只是假象，不要在該奮鬥的年紀選擇了安逸。在想要成全自己的人生時，我們應該先想一下，究竟怎麼做，才能讓我們的青春餘額被花費得更有價值。

## 想要的生活，不能僅靠空談

偶爾會想起汪峰的那首歌〈怒放的生命〉，真是唱出了太多年輕人的心聲。

曾經多少次跌倒在路上，
曾經多少次折斷過翅膀，
如今我已不再感到徬徨，
我想超越這平凡的生活……

每個人年少時都有過鑽石般發光的夢想，想著有朝一日可以實現自己的夢想。但到了最後，不甘平庸的大多數人卻過上了平庸的日子，那些曾經的夢想，從此也幻化成影子淹沒在瑣碎的生活裡。

究竟是我們改變了生活，還是生活改變了我們？怎麼我們曾經想要的生活都變成了「說一說而已」。是夢想的重量太重，還是我們的腳步太輕？

老同學阿誠也是懷著熱情與夢想來到了期待中的城市。以前還處在學校象牙塔中的阿誠就曾說過：「臺北是一個施展拳腳的城市，我要在這裡闖出一片屬於我的天地。」

他的同伴聽著的時候，都感覺到一陣熱血的氣息在蕩漾，也從未質疑過他當時的赤誠之心。但現實就喜歡跟我們這些年輕人開玩笑，有人能開得起，而有人卻掉到了玩笑中去。阿誠就是其中一人。

記得阿誠來到城市面臨的第一個難題就是找工作。在學校的時候，驕傲的他說非名企不去。當然，最後他也收到了一家名企的面試邀約，但當他面試的時候，他傻了。

他面試的職位，同時有好幾十號人在競爭，其中不乏各個名牌大學畢業的學生。而他除了在自己學校是好學生之外，沒有任何特色。結果當然可想而知，他被淘汰了。面對人生中第一次被拒，驕傲的他享受夠了在學校被簇擁的日子，哪裡受得了這樣的打擊？

最後他退縮了，沒有再選擇去大企業面試，而是去了一家普通的公司。他成了普通公司的普通一員，和大家一樣，過著朝九晚五的生活。這樣規律的日子，也漸漸消磨了他的意志，當初想要在臺北闖出一片天地的想法也消散在了空氣中。

有時候，我們想要的生活總是被現實打敗，其實不過是自己打敗了自己。任何你想要的生活，都是經歷過痛苦掙扎後才會得到的。

孟子曾說的「天降大任」，是以經歷過心志磨練，扛過折磨的增益為前提，才可能會達到的理想彼岸。而我們在面對困難時，經不起一點敲擊，稍微碰到一點挫折，便心生畏懼，止步不前，最後只能與自己的夢想說拜拜。

堅定的夢想，從不會被現實打敗。我堅信，有些事物是可以經過現實的錘打，最終開出五彩的花。只要你足夠堅定你想要的，你所想要的生活也最終會回饋給你。

最近網路曝光了一段影片，是馬雲二十一年前推銷業務遭拒的情境。那時的他還是一個一文不名的創業者，他向別人推銷自己的網路產品時屢屢遭拒。

因為當時幾乎沒人聽說過互聯網，所以，很多人不懂他的創業理想，自然不會冒著風險去合作。面對屢屢遭拒的經歷，他沒有放棄，他始終堅信他想要的東西。

那時，他說過一句話：「再過幾年，這個城市就不會這麼對我。」果然二十年後，他實現了自己的誓言。而在今天，無人不知曉馬雲。

馬雲憑什麼可以成功，而我們很多人最後卻淪為了普通人。這其中的緣由，我想每個人都明白：大多數人在自己夢想上，讓自己成為了語言的巨人，行動上的矮子。

你想要的生活從來都是靠自己成全，不能只是說一說而已。

國輝是之前外出工作認識的一個朋友，我們一見如故，相談甚歡。那時，他即將面臨畢業，走入社會。之後，我們暢聊了一下彼此的人生。

他和我說了一些他之前在校的經歷。大一便開始了「小創業」，在校內找同學做調查研究，研究大學生的需求，之後在校內擺起小攤。儘管賺得不多，但是他覺得很滿足。

國輝說：「大學生沒有什麼資金，擺攤是一個很好的選擇。風險低，投入少，收益還算樂觀。千萬不要小看擺攤，裡面也有大學問呢，這些都是我將來的財富。」

隨後，我問了他一句：「你將來要幹嘛？」他目光很堅定地說了一句：「我當然要創業，做一番自己的事業。」或許是被他的某種創業熱情感染了吧，我對他說了一句：「只要努力不放棄，你會得到你想要的生活。」

如今他畢業也有三年了吧，期間我們也會偶爾聯繫。他最近在傳訊息給我說，他要做一個項目，這個項目可能會成為他終生的事業。

我聽著他滿是熱血的宣言，竟然有些激動，他依然沒有放棄他創業的理想。他把他具體的安排和目標跟我說了一下，聽完之後，我覺得他比以前更加成熟了，無論是從想法上還是說話上，他都變得更好了。

社會的歷練不但沒有打垮他，反而讓他越來越強大了。

我也很慶幸，對創業他依然這般熱血，我真替他開心。他現在已經走在了創業的路上。我相信，他會找到他想要的生活。

有時候，我們對自己想要的生活只是多了一份堅持和執著的勇氣而已。

我的朋友國輝，他沒有站在人生的十字路口患得患失，能果斷堅定地選擇自己想要的，並為之努力奮鬥，何愁得不到自己想要的生活？可是大多數人選擇用「茫然」和「現實」的藉口來結束自己的追求。

我們身邊的很多人，總是喜歡把想做的事情留在以後，把旅行留在下次，把夢想留在未來。然後未來的那個時間點變得越來越遠，最後成為了時間的奴隸，所說的未來也變成了說說而已。

哪有那麼多未來等著你，你只有現在。我們想要的生活從來都是靠我們自己來成全，不要再只是說一說而已。

## 人生本來空手而來，不能空手離開

「每一個不曾起舞的日子，都是對生命的辜負。」

每次聽到這句話的時候，我心裡總是熱血沸騰的。但身處物欲橫流的現實世界裡，這句話越發變得奢侈。很多走出校園的人們，掙脫不了現實的枷鎖，淪為現實的奴隸。似乎早已忘記自己曾經也有過很熱血的理想，一步一步朝著現實的深淵走去。

大多數人經歷了所謂的「現實」世界之後，選擇跟這個世界妥協。按部就班地走在了別人規定的路線上，工作、結婚、升職……

這群人好像忘記自己出發的初衷，在現實的漩渦中掉了下去。但也不乏有一些人在「夢想注定孤獨的路上」繼續前行，從來沒有放棄過自己的理想。即使現實荊棘叢生，依然不能將他們打倒，他們選擇一路前行。

其實，走在夢想的道路上是一件很幸福的事情，但中間必然要承受很多考驗和挫折，這是我們成功必須經歷的過程。既然我們來到這世界，就不要辜負來這世界走一回的機會。我們選擇努力前行，就是對人生最好的詮釋。

某一天，朋友芮芮和我在聊天，說起了現在對未來的迷茫。朋友芮芮說：現在家裡總是催自己回去發展，身邊有一群好朋友都已經結婚生子，家裡擔心自己一直單身下去。現在城市物價高，房價貴，人流多，想著未知的前途，有時候不知道能不能繼續走下去。

芮芮從畢業到現在，在城市待了也有五六年了。如今依然在這打拚著，雖然已經取得了一些小成績，但離自己想要的成功還差些距離。

這幾年，她幾乎每天過著拚死拚活的日子，累歸累，但心裡有希望，總歸還是可以釋懷的。她總想著自己那麼努力，總有一天會成功的吧。

有時候也會抱怨兩句自己的現況，說自己沒什麼時間去享受生活，但終歸抱怨是抱怨，她一直沒忘記自己的目標，依然選擇繼續向前努力著。

我問她：「想過什麼時候回家鄉嗎？」

芮芮遲疑了一下說：「不知道，現在回去總是覺得有那麼點不甘心。」

我知道芮芮在自己的夢想道路上已經堅持好多年了，回去對她來說意味著什麼。而且當我聽著她還能說出「不甘心」三個字時，我知道她並沒有放棄追逐她的夢想。

我們堅持，我們希望得到一個稱心如意的結果。雖然有時候會因為社會的某些標竿而困惑，想要選擇放棄，但內心總有個聲音告訴自己：我放棄了，我可能前功盡棄。再往前走一步，我可能會離成功近一些。

像芮芮一樣，現在太多人面對未知的前途，不知道再堅持下去會有什麼結果。有人會覺得：「我都這把年紀了，已經快等不起了！」「我現在這麼拚，成功離自己還那麼遠，這樣繼續下去不知道是否值得？」

面對未知的迷茫，我們有過放棄的念頭，但我們一直還在不甘心地前行著，那句「不服氣」引起了很多人的共鳴。

我們選擇不辜負時光，是為了不辜負自己，不辜負這一生，不辜負這個世界。

我們空手來到這世界，帶著滿心期待，總希望給生命留下點什麼。有時候，儘管夢想離我們很遙遠，但在我們有生之年，勇敢地去努力觸碰，那也是一種不枉此生吧！

努力前進，是證明我們不枉此生的生命痕跡。

我在旅行中認識的一個小女孩，她叫余飛。她馬上就要飛往巴黎讀書了。認識她的時候，她才二十二歲，一口不整齊的牙齒，但是很可愛。

這幾年，我們雖然甚少聯繫，但還是能從社群網站上看到她的狀態。前年，她辭了工作，拿出一部分積蓄去了想去的地方，還出了一本書。

我從網上買她的書看，書中盡顯了一個勵志女孩如何從迷茫走向自我的過程。她總是忠於自己內心的想法，並用行動去追逐它。我感嘆：在如今的社會，這樣真是非常難得！書中有別人幫她拍的照片，她之前不整齊的牙齒也變得整齊，整個臉上散發出青春的朝氣。日復一日，看著眼前的這個女孩早已褪去年少的迷茫，越來越清楚自己想要的生活，並為之去努力奮鬥，我由衷地為她感到開心。這應該就是大家口中常說的「越努力的女孩越好運」吧！

如今，她選擇去巴黎學習服裝設計，追逐小時候的夢想。在這裡，我替她加油，因為青春時光太過可貴了，她勇於去追尋自己的夢想，這是一件多麼值得稱讚的事情。

有時候，我們努力前進，是為了不辜負時光，不辜負自己。

對於轉瞬即逝的時間，現在太多人選擇了把它浪費在抱怨上，還有選擇穩定上。以致一生碌碌無為，毫無所成，抱著遺憾悔恨終生。就比如說，好多人當初抱著美好的夢想來到臺北，最後又帶著無奈離去。有時候並不是因為自己不行，而是自己不夠努力，或者沒開始努力就選擇安逸了，甘心讓時間的刀痕一點一點淩遲自己，最後隨時間的流逝，滅亡，化成塵土。

我們本就空手來到這人世，不應該再空手離開。

在我們有限的生命裡，再努力一點，再認真一點，再用力一點。時間不會辜負努力的人，那麼，我們也不要辜負時間的一片誠意。

不管我們選擇了哪條路，都希望我們有一個不辜負的人生。

## 原諒那些曲折，它們帶來了真實的你

如果沒有經歷過那麼一段難熬和曲折的歲月，她一定不會成為現在的自己。

這個她，指的是我好友，貝子。偶然在滑社群的時候，看見了貝子的動態。點開她發的照片，很清楚地看到了她衣服上掛著「業務經理」的名牌，頓時感覺眼前一亮。

遙想當年，我們大家總是稱呼貝子為「不省心小姐」，原因同學們都知道。貝子是班級裡出了名的闖禍精。性格有點像男孩子，說話很直，經常說錯話得罪人。有時候她本是好意幫助同學，最後也會因為那張嘴，落下個吃力不討好的結果。還有，只要是她想做的事，不管對錯，都會死腦筋地做下去。這就是我印象中傻傻死腦筋的貝子。

曾經的「不省心小姐」成為了如今的金牌業務，多少有些令人吃驚。那些不被看好的曾經，那些標著「不行」的標籤，在成功的那一刻，都會成為一句玩笑話。而我們往往看到的只是眼前的成功，看不到成功背後的心酸，那是走過多少曲折的小路才會到達彼岸。貝子也是如此。記住，沒有人隨隨便便就可以成功，因為挫折磨難從不會眷顧這些想要成功的人。

貝子跟很多大學生一樣，剛步入社會的時候，對自己的前程和抉擇感到一片茫然。面對殘酷而又競爭激烈的都市，生存是第一考量。對於貝子這樣性格的女孩，好像上天總是會讓她比常人走的路更加曲折豐富。

她剛走入社會，就承受了很多被拒之門外的求職經歷，面試的十家公司沒有一家選上她。最後連她都苦笑著說：「上天是考驗她的耐心嗎？」懷著孤注一擲的心情，她在迷茫痛哭後選擇了一份門檻低的工作，抱著不滅的希望走入了有「魔鬼」之稱的業務行業。

業務行業之所以被稱為「魔鬼」，就是因為很少人能夠在這麼大壓力的工作中脫穎而出。對於當時的貝子更是有些不可能。

當時的貝子只是眾多業務員中的普通一員，她甚至沒有出眾的口才，沒有什麼特別奇特的經歷，也沒什麼值得炫耀的業務經驗。但不管何時，她總是會有一顆勇敢前進的心。這也是我佩服貝子的地方。在業務這條路上，貝子說她吃過太多虧，走過太多冤枉的路，跌過很多次然後再爬起來，說起來都是一部辛酸的血淚史。但她從來沒有懼怕過這些挫折困難，依然抱著希望前行，一顆倔強的心驅使她不可以倒下，所以她成功了。

時間會讓每個人長大，只是早晚的區別罷了。經歷過的每一次挫折，每一份痛苦，最後都會以不一樣的形式再還給自己。教訓也好，深思也罷，這些都是我們前進道路上的財富。

像貝子一樣，我們終會褪去年少的青澀和衝動，變得更加成熟，對自己說過的話和做過的事情負責。不要埋怨那些走過的曲折，它是我們前進的基石。痛苦永遠是我們成長的催化劑，沒經歷過挫折磨難的人，不會懂得風雨後的彩虹心境。

面對不平坦的人生道路，我們也許痛苦於當時的挫折磨難，但當我們挺過來回味的時候，會感謝那些曾經走過的曲折，指引我們到達想去的地方。

這時，曲折也成為了我們生命中不可缺少的光彩。我們最後發現，原來走過的曲折都會變成一條條彩虹，絢爛無比。

想必經歷過很多次失業的人，之後會變得珍惜每一次的工作機會；想必經歷過很多感情失敗的人，也越來越懂得珍惜身邊的伴侶；想必經歷過人生大起大落的人，終究會看淡人生的種種物欲，尋求心靈的寧靜。如若沒有經歷這些曲折，又怎會知道人生的意義呢？

現實中，還是不乏一些尋求捷徑的人，想要很快獲得成功，但最後總是敗於現實，為什麼呢？大多數人接受不了那些曲折中的磨難挫折，寧可選擇悲觀失望，長吁短嘆，也不會勇敢前行。這些人成了曲折的落腳點，結束了自己想要開始的一切可能。

每個人也許都曾經立志成為一個什麼樣的人，最後卻因為現實的種種約束，變成了自己不喜歡的那種人。大多數人是因為不敢面對未知的恐懼，最後小心翼翼地苟活，選擇了認為平坦的人生。但人生本就不是筆直的道路，曲折更是一種人生常態。

倘若我們把曲折看成前行的另一種形式，就如蜿蜒曲折的河流一樣，最終會抵達汪洋大海。我們應該友好地對待曲折人生。

在人生選擇的路上，原諒走過的曲折，原來留下的都是真的。

## 求而不得，不一定就是遺憾

這個世界的神奇之處，就在於讓你猜不中開頭也猜不中結尾，但卻也為之著迷得神魂顛倒。所以最後才有了「人生不能太過圓滿，求而不得未必是一種遺憾」的感嘆。

現實中的童話世界是不存在的，關於成長這件事，從來就沒有停下它的腳步。有時為人，有時為事。

有時付出努力，也不一定會有回報，但沒有遺憾。人生，就是不斷地追求，不斷地達成，不斷地失望，又不斷地重燃希望。曾經以為求而不得會折磨人的一生，沒想到一經過時間的洗禮，求而不得也就沒那麼重要了。

前段時間，聽到朋友樹樹的傾訴。她跟我說，她遇到一個很喜歡的男孩，但一直不敢去表白，她害怕被喜歡的男孩拒絕，那樣真的是太丟人。所以一直處於暗戀中的安全狀態，每天還得忍受著求而不得的折磨，她感到很痛苦。對此，她問了一下我的意見：「到底該不該主動向他表白？」

身為朋友，我當然鼓勵她去。即使最後得不到，也要有求而得之的勇氣，最後也不怕不得之的遺憾。暗戀最偉大的行為，是成全。你不愛我，但是我成全你。同樣，我愛你，也是成全自己。就算沒有結局，但不會有遺憾。

面對愛情，求而不得是一種常態，但未必是一種遺憾。

所謂的求而不得，是在行動的前提下，才不算是一種遺憾。所以，有時候想想，失戀不可怕，比失戀更可怕的是不再敢追求自己想要的事物，從此畏首畏尾，再也瀟灑不起來。

求而不得，重要的是求於內心，忠於自我。

我們往往發現，在追愛的過程中，最痛苦的不是得不到愛的人，而是在追逐的路上失去了自己。

於是我們痛苦、糾結，最後忘卻了自己的初心。在時間的渲染下，喪失了當初的模樣，連同破碎了的是最初心底那個美好的夢。

沒有誰的人生能夠圓滿，「自己喜歡的人都會喜歡自己，自己想要的一切都會滿足自己」，那樣設定中的完美人生又有什麼意義呢？我們來到這世界，總要經歷這些求而不得的痛苦，才會懂得生命的真諦。

前幾天看新聞說，有一位叫明松的男子，相親五十次均失敗，一件多麼求而不得的故事。多年前就想結婚的明松，戀愛、相親、網路聊天、租女友……這麼多年來一次次的嘗試，都因為種種原因以失敗告終。

不是對方看不上他，就是他看不上對方，眼看年紀越來越大，乾著急也沒用。曾經信誓旦旦的他說，一定要找個「滿意」的媳婦帶回家！但現實是，他沒房沒車，身高還不高，想討個漂亮媳婦顯然比登天還難。

這個故事正好應了那句話「得不到的永遠在騷動」。總有一些人，得不到的偏偏想要，最後也只能剩下一聲哀嘆，還把自己的人生留給了埋怨。有時候，不是我們缺少勇氣，是我們缺少認知。

鄰居家的蓬蓬，從小就有一個成為籃球明星的夢，但隨著年齡的增長，蓬蓬的身高並沒有達到籃球運動員的標準要求。現實的條件逼迫他不得不放棄他的夢想。這時候，按照別人的設想，他會遺憾、悔恨。但這些遺憾有用嗎？只是徒增煩惱罷了。

遇到這些事，很多人都會垂頭喪氣，甚至不敢再去碰觸。但他並沒有，在他潛意識中，只要能讓他接觸到籃球就很開心了。

不得不感嘆熱愛有時候真是一件神奇的事情，它怎麼會有那麼大的能量。之後，他雖然不能像籃球運動員一樣走上賽場，但他並沒有放棄研究籃球，也並沒有因為身體的局限，就此停止了對籃球的嚮往。

上了大學之後，他主動參加了籃球社，成了籃球隊的智囊，偶爾當他們的比賽教練。他也獲得了籃球人生的某種平衡。

上帝關上一扇門的時候，總會打開一扇窗。求而不得不止於遺憾，某種程度上，是人生的另一種成全。

人生中的求而不得，不是為了遺憾，而是為了追求人生中的平衡美。就如有句話說「缺憾有時候也是一種美」，人生中的求而不得何嘗不是呢？

世間沒有永遠不凋謝的花朵，人生也沒有永遠燦爛的風景。圓滿是美，但遺憾也是一種美。與其感嘆時間之快，不如盡可能地活好當下，掌握手中的一切，不要讓他們成為下一個遺憾。

我們每天都在人生的路上奔波，不斷地努力，不在乎旅途中的艱辛，不在乎身心的疲憊；最後，不是為了拚命要一個結果，更重要的是留一個不後悔、不遺憾的過程。

求而不得未必就是遺憾，也是一種成全，無論你選擇什麼樣的生活，你都可以活得漂亮，只要你努力，就能向自己的夢想無限靠近。

## 向往事敬茶，學會放下過去

愛過就不後悔，放棄就不回頭。這大概是所有人都渴望的狀態。我想，是否對自己當年沒有去做的事情而後悔，取決於做選擇時自己是自願的還是迫不得已的。

就比如《倚天屠龍記》中的張無忌，最後在一眾女孩中選了趙敏。其實，拋開那些女配角不說，張無忌最終要在趙敏與周芷若二人之間作選擇。

試想，如果張無忌是自願選擇了趙敏，日後多半會想：還好當初沒有選周芷若……然後會有意識地把周芷若的形象各種醜化，以證明自己當初選擇趙敏是多麼正確。

如果張無忌當初是被迫選擇趙敏的，則日後多半會如此感慨：當年要不是你強迫我，我現在估計會更好，周芷若真心愛我，賢良淑德，只是可憐她被滅絕老尼姑威脅……

好了，講了這麼多，人到底要怎麼選才不會後悔呢？答案是無論如何，都要把自己的選擇定義為自願。

什麼叫自願的選擇？張無忌在選妻子時，在趙敏和周芷若之間猶豫不決。此時，張無忌若不想日後後悔，就要比較兩人的優缺點，再問問自己的內心究竟喜歡誰。比如：我就是喜歡趙敏的聰明美麗、古靈精怪，她特別適合我這種略微悶騷的性格，雖然她是蒙古人，為名門正派不齒，但我也是明教中人且武功蓋世……嗯！就是趙敏了！

說到底，不想後悔，就要強調「想清楚」以及「自身的」自願，就是讓自己為自己的選擇負責。既然選了這條路就不要後悔，哪怕日後發現自己錯了，再改正也未嘗不可。

不管多少年，不管你想起時是成功是落魄，不管是得意或失意，只要記得當初是自己想清楚之後的決定，即使再重來一次，你還是會做出同樣的選擇。那就沒得後悔了。公司的某位後輩這樣問我：「現在有兩個男生追我，一個經濟條件好、人品好，對我也好，但個子不高；另一個工作收入一般，但長得特別帥，是我喜歡的類型。我該選哪個呢？」

在找對象這件事情上，如果只有一個人追求你，或者沒人追求你，那都不算讓人發愁。愁的是兩個「旗鼓相當」的人一同追求你。有時候選人多了一個，就會讓人發愁該選擇誰。

為什麼有的人能夠毫不猶豫地作出決定，而有的人作個決定卻如此之難呢？

我們來問幾個問題，答案就會揭曉了：

「選第一個。」

「可是他沒第二個長得帥！」

「那妳就選第二個。」

「第二個沒第一個有錢！」

「那妳的意思是，最好找一個又有錢又長得帥的是吧？」

「是！」

看，其實妳做不出選擇，往往不是不知道自己要什麼，而是想要的太多。既然這樣，那我想問了：

「妳為什麼不繼續找又有錢又長得帥的呢？」

「怕找不到，又錯失了眼前的！」

你看，糾結選擇之人，不僅是因為自己想要的多，害怕的也多。他們內心有太多害怕，遇到問題時，他們想的不是解決問題，而是想怎樣逃避。

就像眼前出現兩條路，如果你選擇走左邊那條，你就永遠不知道右邊那條路上發生了什麼；抑或是你選擇了右邊那條，那你就永遠看不見左邊路上的風景。

就像有些人，在婚姻中遇到了麻煩，過得不幸福。眼看前任的生活越過越好，就有些後悔當初沒有選擇跟前任結婚。但你怎麼知道，你跟前任在一起一定會幸福呢？

人生總是要面對選擇，即使是選擇放棄和失敗。

而對於那些遲遲作不出選擇的人，自己可能並沒有意識到，不作選擇也是一種選擇。因為你遲遲作不出選擇，最後可能會讓別人替你選擇。

前段時間，我帶的一位男實習生告訴我，本來他有兩個選擇對象：第一個漂亮，但性格不夠溫柔；第二個性格很好，但長相一般。因為自己一直在猶豫，結果那個漂亮的女生選擇了別人。所以，他只剩下了一個選項，這下不用選了。

也許，那些遲遲作不出選擇的人就在等別人為他作選擇。因為這樣，假使他日後過得不幸福，也大可以說：沒辦法，當初不是我選的。

其實，所有選擇都沒有錯。就感情來說，當感情出現問題的原因主要有兩個：

一是選錯了人；

二是還沒學會怎樣跟對方相處。

如果是選錯了人，自己跟對方毫無溝通的可能，那就大大方方地換掉，沒有什麼好糾結的；如果對方不錯，只是你還沒學會怎樣跟對方相處，那就更簡單了，慢慢磨合即可。

所以，重要的不是你選了什麼，而是你對你的選擇做了什麼。既然選了，就不要後悔。

## 朝九晚五或浪跡天涯，都是生活的選擇

這世界上有一種人，他們天生跟朝九晚五的生活格格不入，他們放蕩不羈愛自由，卻活得有模有樣。世界上還有另一種人，他們不但可以朝九晚五地生活，還可以浪跡天涯，四海為家。比如我的好友，攝影師大川。

當大川的照片出現在網路的各個角落時，雪山、洱海成了一眾文藝青年的嚮往之地。鹽沼、納木錯更是成了文藝青年心中的神聖之地。

大川特別渴望背一個雙肩包，帶上他家的貓，就這麼孤獨地流浪，就這麼孤獨地走四方。他渴望沾染一些江湖氣，世界各地有朋友，人生得意須盡歡。

但世界一定比你想像的複雜，一場說走就走的旅行，不是簡單地出發。因為這個世界上，從來都不缺心中有詩和遠方的人，缺的是有能力且有行動力的人。

幾乎所有人的口號都打得響亮，但真正能背起行囊在路上的又有幾個？大多數人，都夭折在了起點。

這個世界上，有太多人不滿足於朝九晚五的生活。他們為自己策劃了無數場旅行，他們已經在腦海裡過了無數次詩歌酒茶的日子。

但當他們真正踏入這條憧憬已久的江湖路時，才猛然發覺，江湖並不像自己想像中的那般快意恩仇。很多人的流浪，都敗給了經濟基礎。

簡單地說，你口袋裡的鈔票，決定了你的遠方究竟能有多遠。

同事杜明決定辭職，我們一起反對，然而，誰都拗不過他那顆想去流浪的心。

杜明說，他太喜歡大山大海了，那種能洗刷心靈的蔚藍，在他的心頭一直縈繞了十幾年。他說自己沒什麼能力，現在有能力了，希望能給予自己的青春一個交代。

杜明終究還是去了。跨越了數千公里的距離，也跨越了杜明十幾年的青春。

剛到目的地，杜明迫不及待地發布一則貼文。隔著幾千公里，我們都能感受得到杜明的興奮與滿足。

貼文中的杜明，窩在酒吧和旅店明晃晃的燈光下，瞇著眼睛正在小憩。周圍都是抱著同一個目的遊玩的文藝青年，杜明帶著本子，隨手畫著畫，寫著詩……他說：「我終於踏上了這片土地，寫我想寫的詩，去我想去的遠方。」

當然，留言區有一群吃瓜群眾，那些留言幾乎都是「我也想有一場說走就走的旅行，可是沒有你那般的勇氣。」

三個月後，我突然接到杜明的電話：「姐姐，轉點錢給我吧，我要買張票回去。」

我帶著滿心的疑惑，在機場看見了衣衫襤褸的杜明。杜明一臉鬍渣，頭髮捲曲，人變得又黑又瘦，整個人除了千瘡百孔，我想不出第二個適合的詞。

飯桌上，杜明狼吞虎嚥地吃著眼前的菜，等他打飽嗝的空檔，我問他到底怎麼了，是經歷了什麼才混到這樣的地步？

杜明灌了一大口啤酒，慢慢地說：「當初剛到那的時候，我的確特別滿足，也特別幸福，我覺得我這麼多年的理想終於實現了。白天，我觀察著蒼山洱海邊的人們，晚上就跟一幫文藝青年喝酒，還跟流浪歌手唱歌。後來，我去了鳳凰古城，在古城，我這兩年的積蓄就花得差不多了。說實話，我沒什麼賺錢的管道。不會唱歌，畫也畫不好，要飯吧，又拉不下臉。後來從鳳凰古城去了洛陽，打算從洛陽回來，但是我在洛陽被人打了，是個醉鬼。沒辦法，我混得一窮二白，只好回來了。」

我一撇嘴，問道：「意思是你的詩和遠方不要了？你的浪跡天涯就這麼結束了？」

杜明也一咧嘴：「不要了。」

確實，詩和遠方是每個活在體制內的人都有的幻想。他們在生活中承受著無趣和壓力，他們渴望來一場說走就走的旅行。在這種情況下，很多人都迷失了方向，他們不關心自己離開了朝九晚五的生活，能不能面對未來的顛沛流離；不關心自己去了遠方，有沒有生存下去的能力。

遠方不是你想去，想去就能去的。

大家都羨慕大川離開了朝九晚五的生活，羨慕他可以浪跡天涯、四海為家。但大川之前做了十幾年的酒吧夜場的駐唱歌手，還是個優秀的攝影家。

他可以一邊流浪一邊賣唱，還可以賣照片，還可以賣他寫自己和寫別人的故事。他可以靠自己的能力，在我們羨慕的遠方生存下去。大川有江湖氣，有義氣，有一群可以肝膽相照的朋友，他可以一邊浪跡天涯，一邊過得瀟灑，但你不行。

當你決定腳步要跟上遠方時，先掂量一下自己的錢包，有沒有支撐你浪跡天涯的財力；再掂量一下有沒有讓你無所畏懼的技能。畢竟我們無法天南地北，四海為家。

當你的能力足夠支撐你的夢想時，你就可以成為被朋友豔羨的對象，你就可以實現你的詩和遠方。

朝九晚五不難，說走就走也不難，但既有能力朝九晚五，又有能力浪跡天涯的，卻不過寥寥數人。

大川的生活的確令人羡慕，但有幾人看到了大川的努力、大川的才華和大川的硬碰硬到底。

借用大川的一句話：希望你可以朝九晚五，也可以浪跡天涯。

電子書購買

爽讀 APP

**國家圖書館出版品預行編目資料**

拾起夢想，不負歲月與自己：你想要的生活其實不遠，用行動拾起夢想的碎片 / 文雅 著 . -- 第一版 . -- 臺北市 : 財經錢線文化事業有限公司 , 2024.12
面； 公分
POD 版
ISBN 978-626-408-115-3( 平裝 )
1.CST: 成功法
177.2 113018791

# 拾起夢想，不負歲月與自己：你想要的生活其實不遠，用行動拾起夢想的碎片

臉書

作　　者：文雅
責任編輯：高惠娟
發 行 人：黃振庭
出 版 者：財經錢線文化事業有限公司
發 行 者：崧燁文化事業有限公司
E-mail：sonbookservice@gmail.com
粉 絲 頁：https://www.facebook.com/sonbookss/
網　　址：https://sonbook.net/
地　　址：台北市中正區重慶南路一段 61 號 8 樓
8F., No.61, Sec. 1, Chongqing S. Rd., Zhongzheng Dist., Taipei City 100, Taiwan
電　　話：(02) 2370-3310　　傳　　真：(02) 2388-1990
印　　刷：京峯數位服務有限公司
律師顧問：廣華律師事務所 張珮琦律師



定　　價：330 元
發行日期：2024 年 12 月第一版
◎本書以 POD 印製